Stefan Dreseler

Badminton

Unterrichtseinheiten für die 5.–10. Jahrgangsstufe

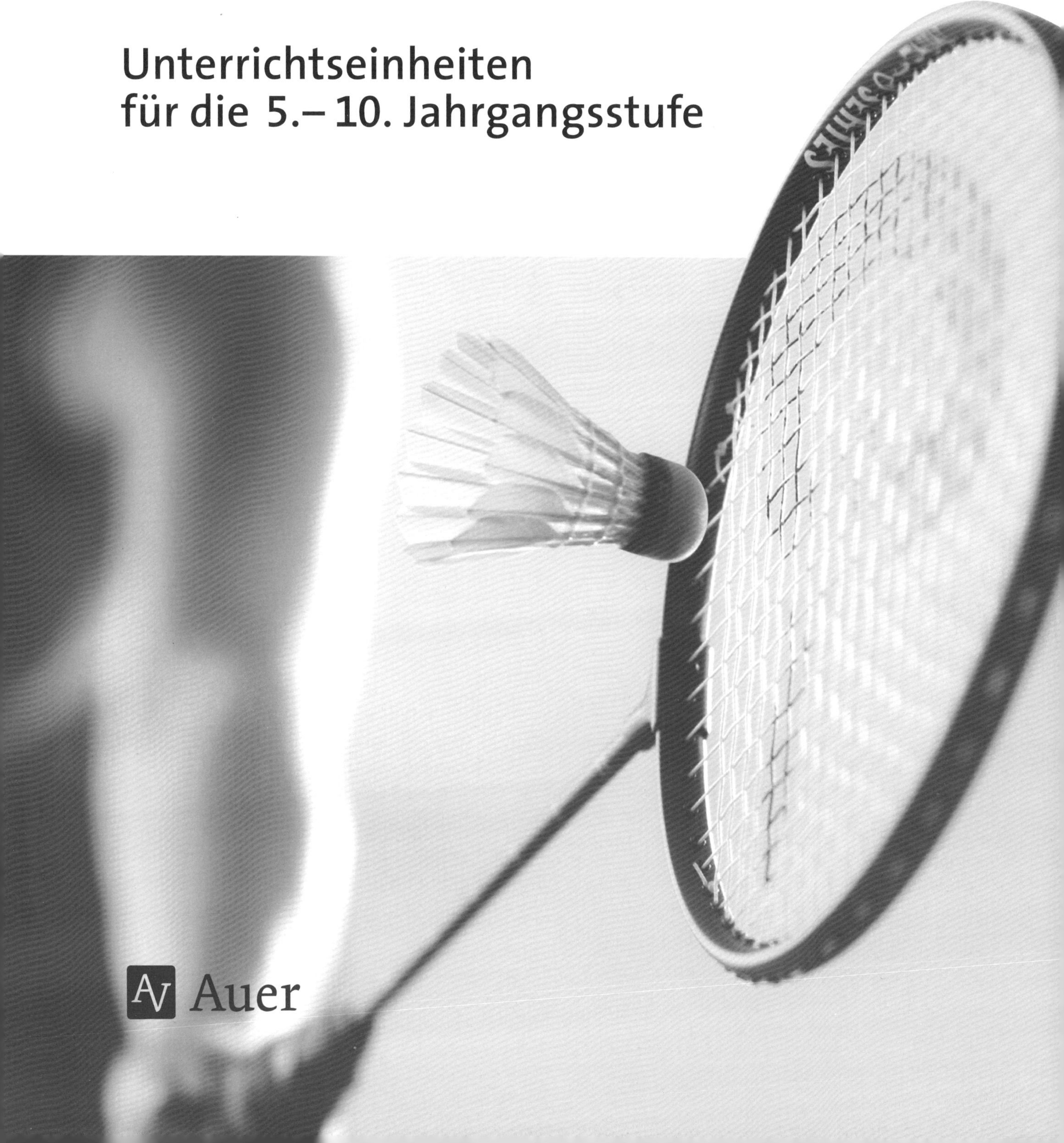

Auer

Verwendete Literatur

Poste, D./Hasse, H.: Badminton Schlagtechnik, SMASH-Verlag, Velbert, 2002

Busch, M.: Badminton Schlagtechnik-Übungen, SMASH-Verlag, Velbert, 2003

4. Auflage 2021

Illustrationen: Steffen Jähde
Fotos im Innenteil: Michael Dickhäuser
Umschlagfoto: © Isabella Thiel/shotshop.com
Satz: fotosatz griesheim GmbH
Druck und Bindung: Korrekt Nyomdaipari Kft. Budapest
ISBN 978-3-403-**06630**-9

www.auer-verlag.de

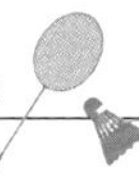

Inhaltsverzeichnis

Einleitung

Badminton als Schulsport/Bewegungssport unterscheidet sich vom *Leistungssport Badminton* in der Zielsetzung der zu erlernenden Inhalte. Somit soll das vorliegende Buch nicht eine „Lightversion" des Wettkampfsports Badminton abbilden, sondern sportarttypische Inhalte für den Schulsport auswählen und aufbereiten.

Als Zielstellung werden die für den Schulsport gültigen Lernziele (Gesundheit, Sozialverhalten, Leistung, Kreativität und Spiel) definiert. Grundsätzlich soll für alle Schulstunden im Fach Badminton gelten:

„Der Lohn der Leistung liegt im Prozess des Leistens."

Konkret bedeutet das, dass die Schüler befähigt werden sollen, den Gegner planvoll zunächst auf dem Halbfeld vorwärts und rückwärts zu bewegen. Hierbei soll die Schlagsicherheit (das Prinzip „rüberrein") im Vordergrund stehen.

Die Übungsformen sind teilweise auf das Halbfeld beschränkt, um dem Schulalltag Rechnung zu tragen, denn hier stehen selten ausreichend Felder zur Verfügung. Die teilweise Beschränkung auf das Halbfeld hebt allerdings auch den großen Vorteil der Sportart Badminton im Schulsport hervor: Dieser besteht in der hohen Bewegungsdichte und der damit verbundenen gesundheitlich positiv zu bewertenden Belastung. Die hohen Ballfluggeschwindigkeiten (über 300 km/h) erreicht der Federball nur auf den ersten 2–3 Metern, dann nimmt die Geschwindigkeit rapide ab und ist deutlich geringer als beim Tennis, Tischtennis und Squash. Das bedeutet, dass die Bälle auch für Neulinge der Sportart leicht zu erreichen und zu kontrollieren sind. Kombiniert man die Faktoren Bewegungsdichte, leicht erreichbare und kontrollierbare Bälle mit verringerten Spielfeldmaßen (z.B. Halbfeld), so erreicht man durch lange Ballwechsel eine hohe Belastung und einen großen Spaßfaktor bei den Schülern[1]. Auch im Leistungssport wird eine Vielzahl von Trainingsformen auf dem Halbfeld durchgeführt, sodass es sich hier keineswegs um eine Herabsetzung des Schulsports, sondern um durchaus probate Trainingsformen handelt. Darüber hinaus gibt es in diesem Buch eine Menge Übungsformen, die das ganze Feld für zwei Schüler erfordern.

Unter diesen Voraussetzungen wurden folgende Lerninhalte für den Unterricht ausgewählt und beschrieben:

Zunächst finden Sie eine „Kleine Regelkunde" und allgemeine Anmerkungen zum Stundenaufbau für Ihren Sportunterricht.

Im folgenden Kapitel des Buches werden grundlegende Prinzipien der Schlagtechnik erläutert:

- Kontrolle
- Power/Speed
- Ansatzlosigkeit

Als wichtigstes Prinzip wird hierbei hervorgehoben, dass alle Griffhaltungen und Bewegungsmuster erlaubt sind und auch sinnvoll sein können. Die Schüler sollen erfahren, welchen Effekt welche Bewegungen und Griffhaltungen auf den Ballflug haben, und den sinngerichteten/situativen Umgang damit erlernen. Eine Beschränkung auf wenige Griffhaltungen bedeutet nichts weiter als eine Einschränkung im Umgang mit dem Schläger, und das wiederum verhindert Lösungen und damit Erfolg und Spaß für Ihre Schüler.

[1] Aufgrund der besseren Lesbarkeit werden in diesem Buch ausschließlich die männlichen Formen verwendet. Wenn von Schüler gesprochen wird, ist immer auch die Schülerin gemeint, ebenso verhält es sich mit Lehrer und Lehrerin.

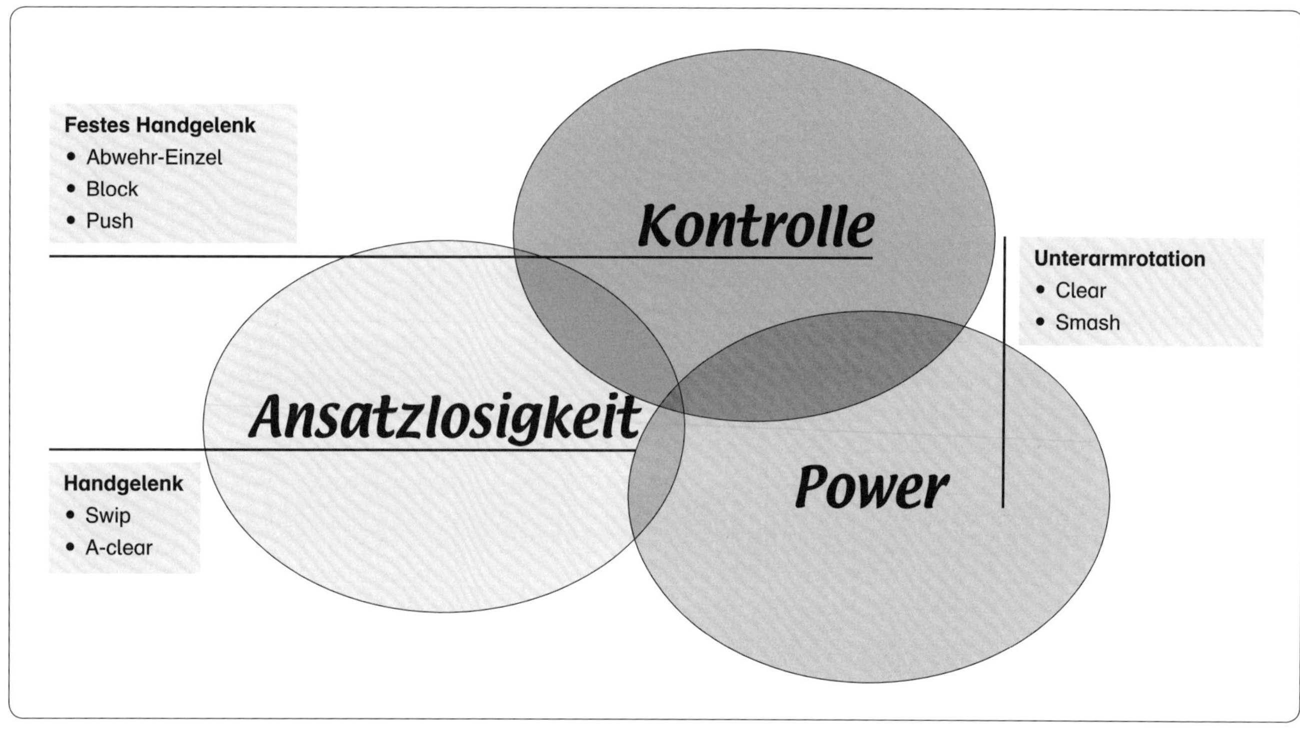

Im folgenden Teil des Buches werden, abgeleitet aus den Prinzipien, verschiedene Schlag- und die dazugehörenden Lauftechniken mittels Bilderreihen beschrieben:

- Kurzer Aufschlag (Rückhand)
- Langer Aufschlag (Vorhand)
- *Drop* (kurz) am Netz (Netz*drop*)
- *Clear* (lang) vom Netz an die Grundlinie
- *Clear* (lang) an die Grundlinie
- *Drop* (kurz) hinter das Netz
- *Smash* von der Grundlinie
- Ausfallschritt zum Netz/zur Abwehr
- Stemmschritt an der Grundlinie/Hinterfeld
- Umsprung an der Grundlinie/Hinterfeld
- Laufen im Feld: vorwärts/rückwärts

Es schließen sich zahlreiche Aufwärmspiele, Ideen für kleine Wettkämpfe und verschiedene Übungsreihen zum Erlernen und Festigen der Techniken an.

Zum Abschluss dieser Unterrichtsreihe können Ihre Schüler noch das Badminton-Sportabzeichen erwerben. Entsprechende Übungen sind hinten im Buch zusammengestellt.

Alle wichtigen Begrifflichkeiten, die im Buch und auch in der Praxis verwendet werden, können Sie im hinteren Teil dieses Heftes nachschlagen.

1. Kleine Regelkunde

Im Folgenden werden die wichtigsten Badmintonregeln vereinfacht dargestellt.

 *Spielfeldmaße und Bedeutung der Linien*

Das **Spielfeld** ist etwas über 13 m lang und über 6 m breit. Die genauen Maße können weiter unten eingesehen werden. Die Grundmaße ergeben sich aus der Historie des Badmintonspiels und der Umrechnung aus den englischen Maßangaben.

Das **Netz** hat eine Höhe von 1,55 m und soll/darf in der Mitte um 2 cm durchhängen. Die Netzhöhe beeinflusst entscheidend die Geschwindigkeit im Spiel. Wäre das Netz höher, so wäre das Spiel langsamer. Wäre es niedriger, so wäre das Spiel schneller.

Bei Kindern unter 12 Jahren ist es sinnvoll, das Netz etwas tiefer zu hängen, damit Techniken am Netz und der *Smash* auch korrekt ausgeführt und geübt werden können.

Auf dem **Universalspielfeld**, welches in fast allen Schulsporthallen eingezeichnet ist, befinden sich jede Menge Linien. Grundsätzlich wird immer bis zur hinteren **Grundlinie** gespielt. Die Linie, die parallel zur hinteren Grundlinie verläuft (Doppelaufschlaglinie oder hintere Aufschlaglinie), ist nur in der Aufschlagsituation in den Doppeldisziplinen (Herrendoppel, Damendoppel, gemischtes Doppel) von Bedeutung. Der lange Aufschlag in den Doppeldisziplinen darf nur bis zu dieser Linie durchgeführt werden, damit soll der Angriffscharakter betont werden. Im weiteren Spielverlauf und in den Einzeldisziplinen ist diese Linie von keinerlei Bedeutung.

Im vorderen Feldbereich befindet sich die **Aufschlaglinie**, die parallel zum Netz verläuft. Beim Aufschlag muss der aufschlagende Spieler und der annehmende Spieler hinter dieser Linie stehen (das gilt für alle Disziplinen). Weiterhin ist beim Aufschlag zu beachten, dass der Ball *hinter* oder auf der vorderen Aufschlaglinie und bei einem Doppel *vor* oder auf der hinteren Aufschlaglinie landet. Ansonsten zählt der Ball als Aus und es gibt einen Punkt für den Gegner.

An der Seite des Spielfeldes gelten für die Einzeldisziplinen grundsätzlich die **inneren Linien** und für die Doppeldisziplinen die **äußeren Linien**.

 *Zählweise*

In allen Disziplinen werden **zwei Gewinnsätze bis 21 Punkte** gespielt. Hat jeder Spieler also einen Satz gewonnen und es steht nach Sätzen 1:1, so wird ein dritter, entscheidender Satz gespielt. Auch dieser geht, bis 21 Punkte erzielt wurden.

Gezählt wird in den Sätzen nach der sogenannten ***„Rallypoint“*-Zählweise**. Das bedeutet, dass jeder Punkt zählt, egal ob der Spieler das Aufschlagrecht hatte oder nicht. Am Ende eines Satzes muss ein Spieler **zwei Punkte Vorsprung** haben. Es ist also möglich, einen Satz mit 21:19 zu gewinnen, 21:20 geht nicht. Dann wird eben so lange weitergespielt, bis ein Spieler zwei Punkte Vorsprung hat (z. B. 25 : 23 oder 28 : 26) oder bis ein Spieler 30 Punkte erreicht hat. Ein Satzergebnis mit 30 : 29 ist also möglich und das knappste aller Ergebnisse. Dieses Ergebnis ist sogar auch im dritten, entscheidenden Satz möglich.

Zu Beginn eines Satzes wird gelost, welcher Spieler das **Wahlrecht** hat. Der Gewinner des Loses darf zwischen Aufschlag, Rückschlag und der Seite, auf der er beginnen möchte, wählen. Hat er sich entschieden, so darf sein Gegner zwischen den verbleibenden Möglichkeiten auswählen.

 *Die Aufschlagregel*

Für den Aufschlag gilt, dass er immer von der Aufschlagseite in das **diagonal gegenüberliegende Aufschlagfeld** geschlagen werden muss. Bei allen **geraden Zahlen** (inklusive der Null) gilt: Das Aufschlagfeld ist rechts. Bei allen **ungeraden Zahlen** ist das Aufschlagfeld links. Das gilt jeweils für den eigenen Spielstand. Aufschlag hat immer der Spieler, der den letzten Punkt erzielt hat.

Für den Aufschlag gilt weiterhin, dass der Aufschläger **mit beiden Füßen fest auf dem Boden** stehen muss – er darf also nicht springen – und dass der Ball beim Treffpunkt **unterhalb der Taille** (unterste Rippe) geschlagen werden muss. Der **Schlägerkopf** muss hierbei **leicht nach unten** zeigen.

Für den annehmenden Spieler gilt, dass auch er bis zum Treffpunkt des Balls mit beiden Füßen fest auf dem Boden stehen bleiben muss. Er darf **nicht vorzeitig loslaufen**.

Regeln während des Spiels

Beim Schlagen am Netz darf mit dem Schläger **nicht über das Netz** gelangt werden. Der Schläger darf auch **nicht zum Block** ans Netz gehalten werden, um den Gegner am Schlagen zu hindern oder zu behindern. Er darf nur zum eigenen Schutz vor das Gesicht gehalten werden.

Der Ball darf mit dem Schläger **nicht zweimal berührt** werden. Ein leichtes, unbeabsichtigtes Führen (der Ball rutscht über die Bespannung) ist aber erlaubt, auch wenn die Richtung des Balls damit verändert wird.

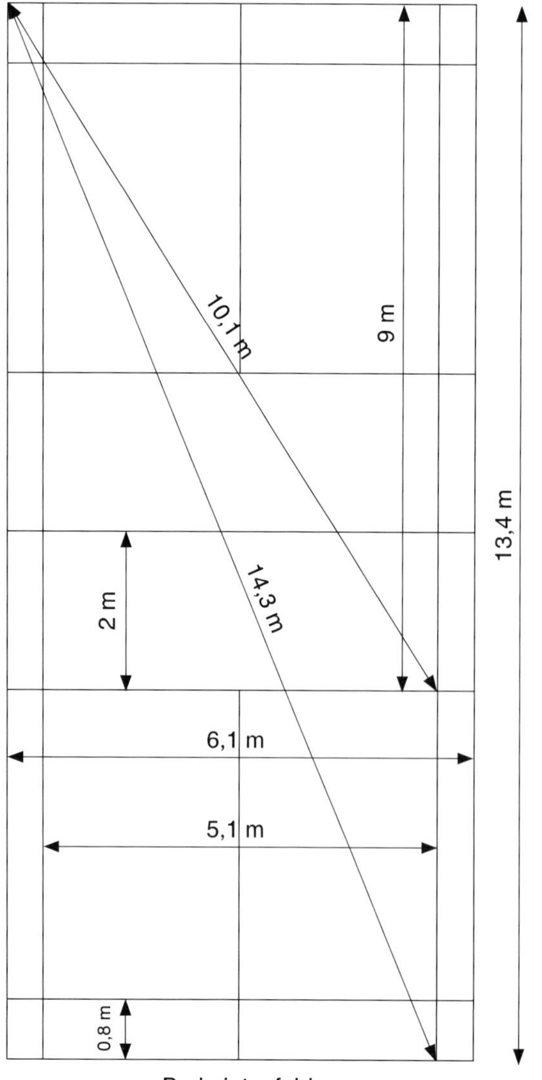

Badmintonfeld

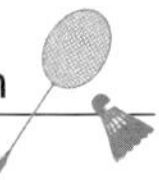

2. Stundenaufbau/Einsatz von Modulen

Grundsätzlich sollte der Sportunterricht den normalen Schulalltag etwas auflockern und neben dem Fitnessaspekt auch der Kreativität, dem freien Spiel und dem Austoben Raum geben. Ein Großteil des Sportunterrichts an Schulen wird heutzutage leider nur einstündig, also in 45 Minuten abgehalten. Ich habe mich bei der Stundenplanung dem Schulalltag aber angepasst und Vorschläge für **einstündige** und eine **Doppelstunde** Badminton entwickelt.

Unterteilt man eine 45-minütige Schulstunde in vier Teile, so kann man die Schüler abwechselnd mit **Lernaufgaben** und **freien kreativen Phasen** unterrichten.

Die Inhalte der vier Teile einer Schulstunde kann man aus den unterschiedlichen Kapiteln des Buches so kombinieren, dass die Schulstunde als abwechslungsreich und gleichzeitig anstrengend von den Schülern erfahren wird.

Folgende Module beschreibt das Buch:

- Erwärmung
- Technik lernen
- Technik üben
- Verschiedene Spiel- und Übungsformen
- Wettkampf- und Turnierformen

Beispiel einer 45-minütigen Schulstunde

- 15 min Umziehen, Aufbauen und Erwärmen
- 10 min Verschiedene Spielformen
- 10 min Verschiedene Übungsformen
- 10 min Freie Spielformen, Abbauen und Umziehen

Beispiel einer 90-minütigen Doppelstunde

- 15 min Umziehen, Aufbauen und Erwärmen
- 15 min Verschiedene Spiel- und Übungsformen
- 15 min Technik lernen und üben
- 15 min Freie Spielformen
- 15 min Übungen mit Belastung
- 15 min Freie Spielformen, Abbauen und Umziehen

Ich halte es für sinnvoll, dass sich Phasen des konzentrierten Arbeitens und Lernens mit Phasen des eigenständigen, kreativen Anwendens des Gelernten abwechseln. Insofern sollte bei den freien Spielformen vom Lehrer nicht korrigiert werden. Außerdem sind dann auch badmintonuntypische Schläge und Bewegungen erlaubt.

3. Prinzipien der Schlagtechnik

Gedanken zum Techniklernen im Badminton

In keinem der Rückschlagspiele (Tennis, Tischtennis, Squash) werden die Aktionen mit dem Schläger sowohl vor als auch hinter dem Körper, über dem Kopf wie auch unterhalb der Hüfte durchgeführt. Bei keinem der Rückschlagspiele wird jeder Ball volley genommen, können die Spielfeldecken so genau angespielt werden und variiert die Härte der Schläge derart stark wie beim Badminton. Somit ist das zentrale Lernthema im Badmintonsport das **Erlernen der Schlagtechniken**.

Die vorherrschende Meinung ist, dass Badminton „aus dem Handgelenk", mit einem Vorhand-, Rückhand- oder Universalgriff gespielt wird. Richtig ist jedoch, dass Badminton sowohl **aus dem Handgelenk**, mit **festem Handgelenk**, mit **Unterarmdrehung** und mit einer sehr **individuellen Vielzahl von Griffvariationen** ausgeführt werden kann.

Für den Lehrer und die Schüler ist es wichtig, zu wissen, wann der Schläger in welche Richtung gedreht (Griffwechsel) und wann welches Schlagprinzip (Handgelenk, festes Handgelenk, Unterarmdrehung) angewendet wird. Für die Griffhaltung und das Schlagprinzip sind immer der Balltreffpunkt in Bezug auf den Körper (vor, hinter, oben, unten) und die Absicht, welche mit dem Schlag verfolgt wird, ausschlaggebend.

Bei den **Schlagprinzipien** unterscheidet man, ob man einen Ball kontrollieren (Kontrolle), beschleunigen (*power*) oder ansatzlos spielen möchte. Je nach Intention muss man sehr schnell die richtige Schlagtechnik wählen.

Gedanken zum Differenziellen Lernen in der Schule

Die Technik zu lernen, soll Spaß machen. Die Schüler brauchen Erfolgserlebnisse – auch schon auf dem Lernweg zum effektiven Schlag. Erfolgserlebnisse bekommen die Lernenden, wenn sie Aufgabenstellungen bekommen, welche unterschiedliche Lösungen zulassen. Damit lernen sie, den Effekt und die Qualität dieser Lösungen einzuschätzen. Spaß macht es auch, wenn der geschlagene Ball effektiv ist, d. h., dass er sicher ausgeführt werden kann und für den Gegner taktisch unangenehm ist.

Gibt man jedoch den Schülern eine Schlägerhaltung (z. B Universalgriff) und ein Schlagprinzip (z. B. Unterarmdrehung) vor, so schränkt man sie in ihrem Lernprozess ein und verhindert einen natürlichen Umgang mit dem Schläger. Genauso gut könnte man den Lernenden die Aufgabe geben mit dem Schlägerkopf nach unten zeigend zu spielen. Hierbei wird die Einschränkung sehr deutlich, ist aber gleich zu bewerten wie bei einer Vorgabe „spiele mit dem Universalgriff".

Differenzielles Lernen ist immer zielorientiert auf eine individuelle, stabil anwendbare Technik. Diese individuelle Technik wird angelehnt an ein grundsätzliches Bewegungsvorbild und die allgemein gültigen Prinzipien für die Schlagtechniken im Lösungsraum werden zusammen mit dem Lehrer bzw. Trainer erarbeitet.

Merksatz: Prinzipien erklären, dann ausprobieren und selbst erfahren lassen.

3.1 Griffhaltungen

Je nach Treffpunkt (vor, neben oder hinter dem Körper, oben oder unten) ergibt sich ein logischer und sinnvoller Schlägergriff. Als **Grundregel** gilt: Beim Treffpunkt muss die Bespannung zum Netz zeigen. Die Einteilung Universal-, Vorhand-, Rückhandgriff ist somit nicht durchzuhalten, da z. B. auf der Vorderseite hinter dem Körper mit einem Rückhandgriff gespielt werden müsste.

Ein sinnvolles System zum Erklären der Griffhaltung ist das der Uhr. Hält man den Arm ausgestreckt nach vorne und die Schlägerkante zeigt senkrecht nach oben, so hat man den **12-Uhr-Griff (Universalgriff)**. Dreht man den Schläger in der Hand nach links, so kommt man zu einem 11-Uhr-Griff und dann zu einem 10-Uhr-Griff. Dreht man ihn in der Hand nach rechts, so kommt man zu einem 1-Uhr-Griff und dann zu einem 2-Uhr-Griff.

Der 12-Uhr-Griff wird bei allen Schlägen rechts und links neben dem Körper (*Smash,* Abwehr) sowie bei vielen Schlägen, die direkt über den Kopf ausgeführt werden, eingesetzt.

Der Griff wird bei Schlägen rechts vor dem Körper und links hinter dem Körper (Rückhand) in den „**Vormittag**" (11 Uhr, 10 Uhr) gedreht.

Gedreht wird der Griff in den „**Nachmittag**" (1 Uhr, 2 Uhr) bei Schlägen links vor dem Körper und rechts hinter dem Körper.

Vermittelt werden sollen hier nur das Prinzip und die Fähigkeit, den Schläger schnell zu drehen sowie einen neuen Griff einzunehmen. Jeder Schüler soll und muss selbst entscheiden, ob er bei einem Schlag einen 11-Uhr-, einen in 10:30-Uhr- oder einen 11:30-Uhr-Griff einnimmt. Der Ausprägungsgrad der Griffdrehung / Griffhaltung ist individuell!

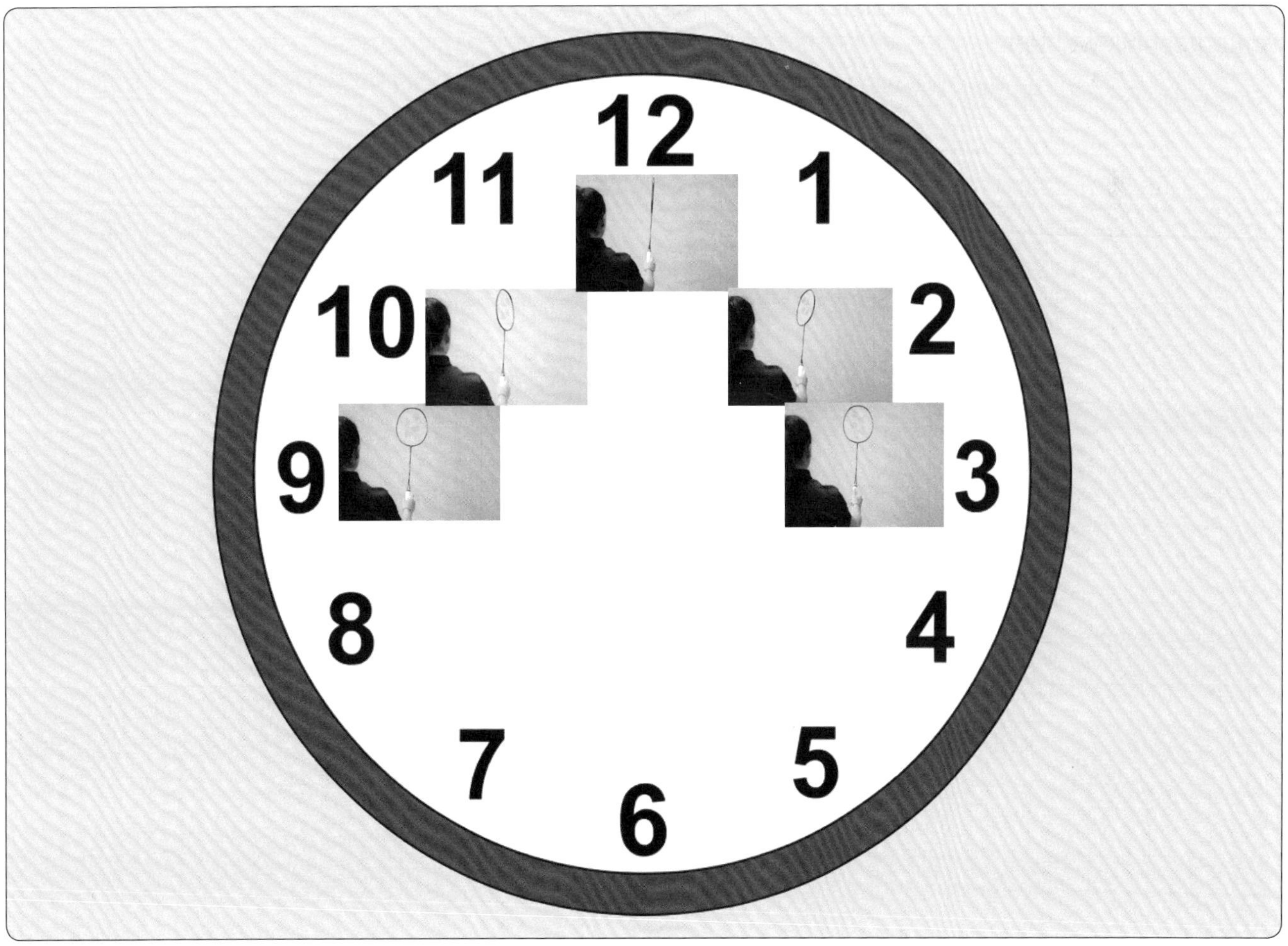

12
11
1
10
2
9
3
8
4
7
5
6

Griffhaltungen – Uhrzeitsystem

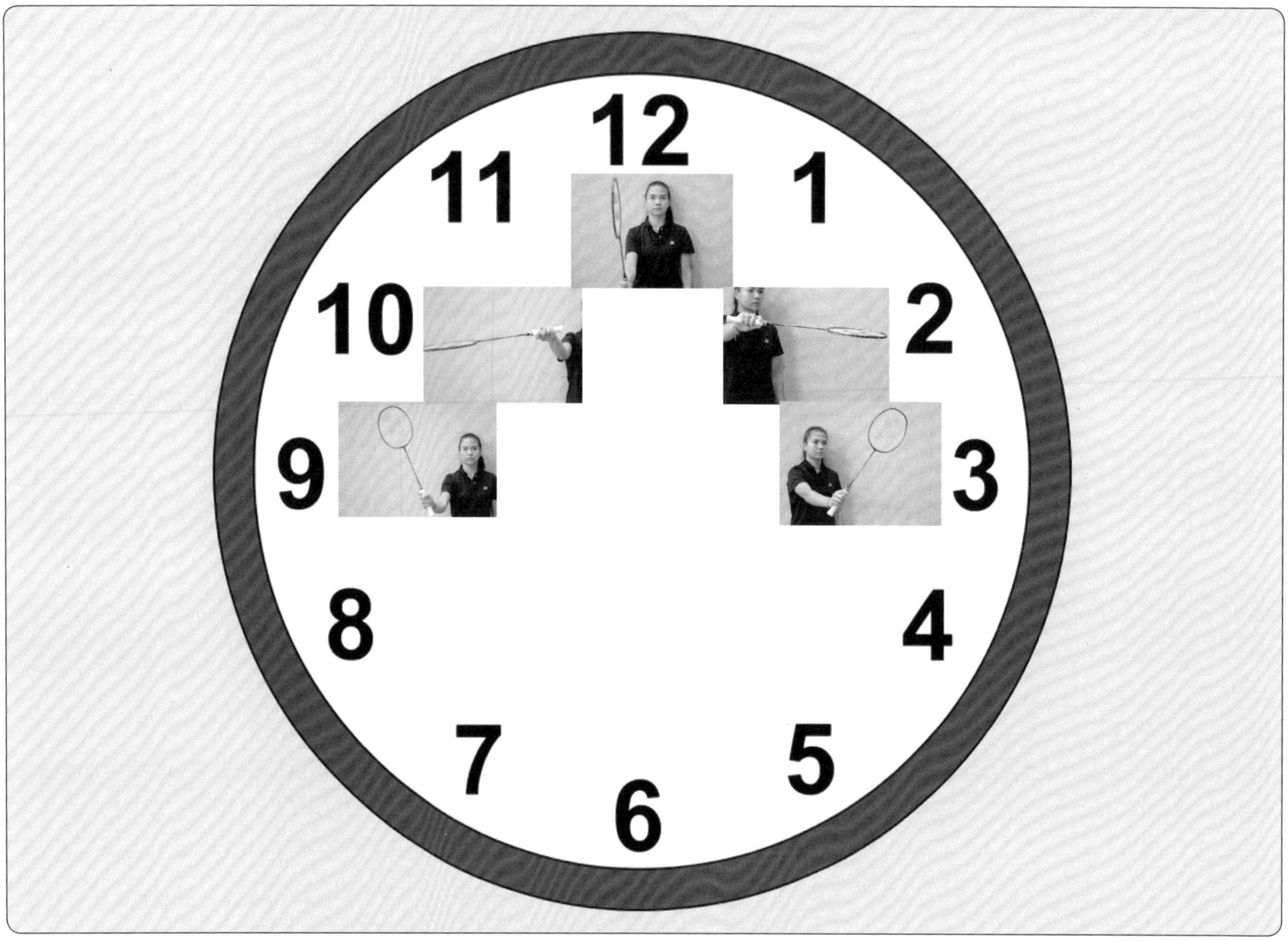

12
11
1
10
2
9
3
8
4
7
5
6

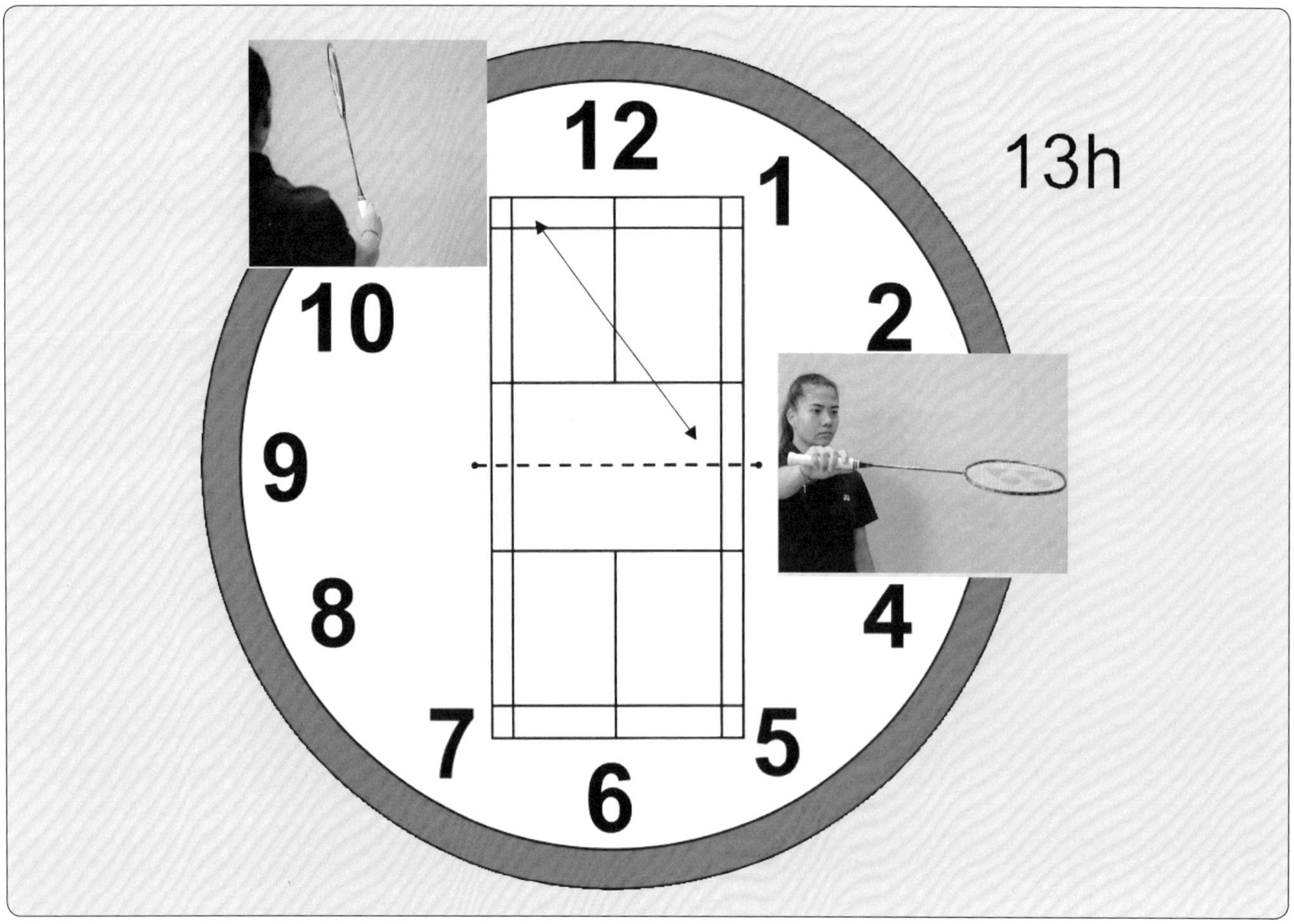

12
13h
1
10
2
9
8
4
7
5
6

Griffhaltungen – Uhrzeitsystem

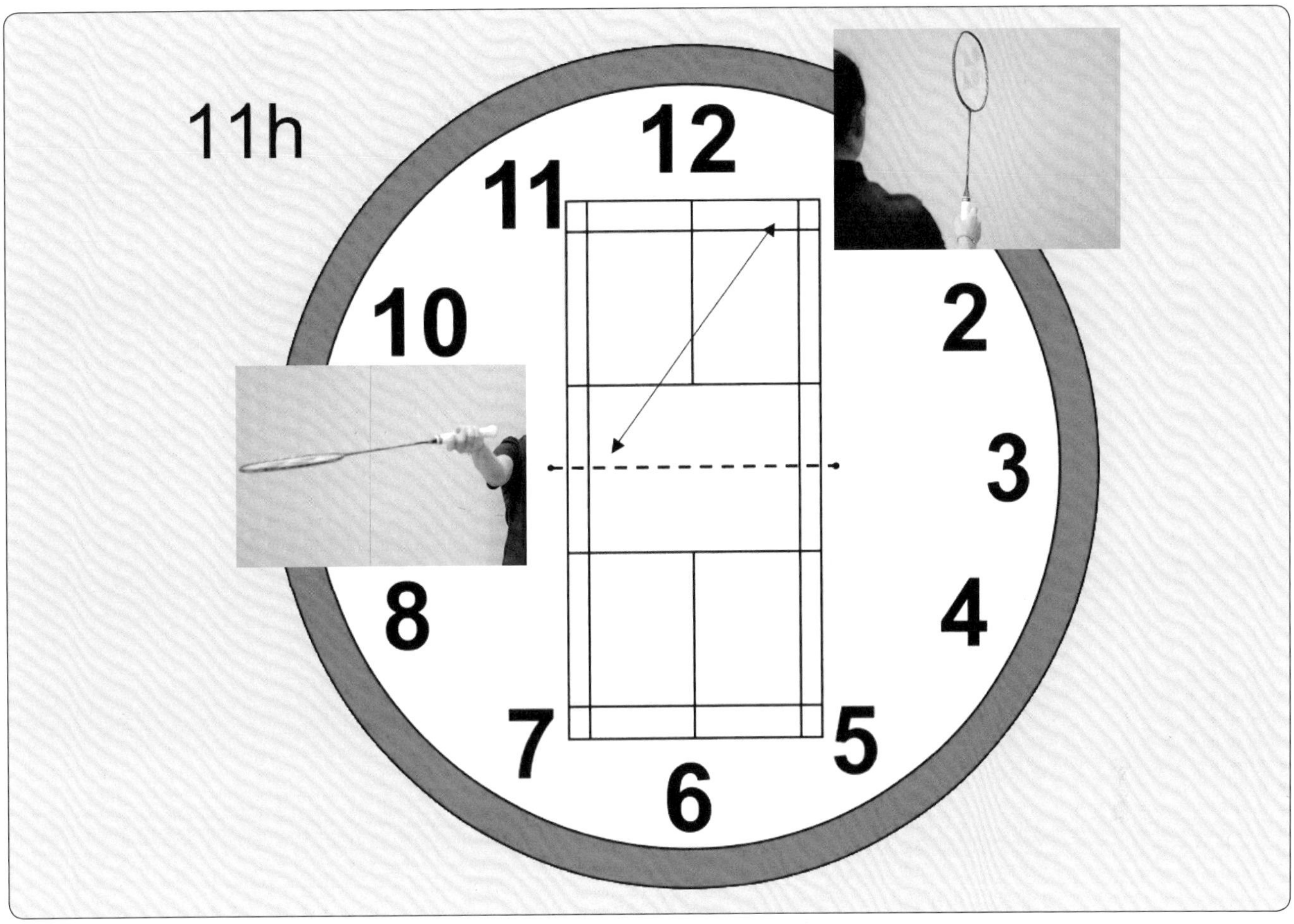

11h

Den perfekten Schlag gibt es nicht. Man kann einen Schlag nicht aufgrund der Technik 1:1 kopieren und reproduzieren. Selbst bei Weltklassespielern ist jeder Schlag ein wenig anders und nie zu 100 % gleich. **Differenzielles Lernen** bedeutet, dass man – angelehnt an ein Technikvorbild – bei jedem Schüler ein individuelles, leicht abweichendes Technikbild zulässt, welches für diesen Schüler so optimiert ist, dass es individuell funktioniert und sich unterschiedlichen Spielsituationen anpasst.

Bezogen auf die Griffhaltung bedeutet das, dass man in unterschiedlichen Treffhöhen und in unterschiedlichen Positionen zum Ball ein qualitativ gutes Ergebnis erzielen muss. Wichtigstes Lernziel sollte es deshalb sein, dass die Lernenden den Schläger bewusst in der Hand drehen können und auch erkennen, in welche Richtung sie ihn jeweils drehen müssen. Hierbei spielt es keine Rolle, ob die Griffhaltung 1 Uhr oder 2 Uhr oder individuell auch dazwischen (12:30 Uhr) ist.

3.2 Kontrolle (Platzierung)

Das **wichtigste Schlagprinzip** ist das Prinzip der Kontrolle. Möchte ich einen Ball sehr genau, aber nicht hart spielen (z. B. kurzer Aufschlag, Netz*drop*), so ist es am sinnvollsten, dass der Schlägerkopf sich möglichst wenig aus der Flugbahn des Balles herausbewegt. **Der Schläger sollte also nicht rotieren.** Ich halte das Handgelenk fest und schiebe den Ball in die gewünschte Richtung. Je weniger Schlägerbewegung ich erzeuge und je mehr sich der Schläger (die Bespannungsfläche) innerhalb der Flugbahn des Balles bewegt, umso sicherer ist mein Schlag.

Insbesondere bei der Abwehr von *Smash* ist es sehr wichtig, dass die Schüler den Schläger kontrolliert in die Flugbahn des schnellen Federballs halten. Jede Rotation durch Unterarmdrehung oder Handgelenkeinsatz bringt den Schlägerkopf aus der Flugbahn heraus und sorgt für eine geringere Erfolgsquote als mit festem Handgelenk.

Kontrollierte Schläge sind nicht hart, aber präzise. Ein *Drop* von der Grundlinie ans Netz kann als Kontrollschlag ausgeführt werden, ebenso ein *Clear* vom Netz an die Grundlinie und natürlich alle Bälle, welche in den Netzbereich geschoben werden.

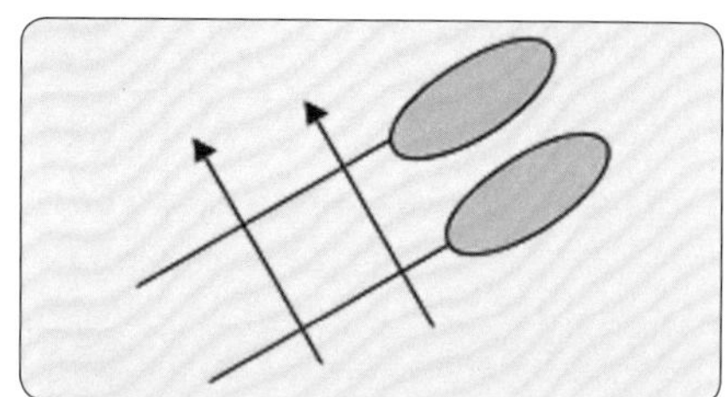

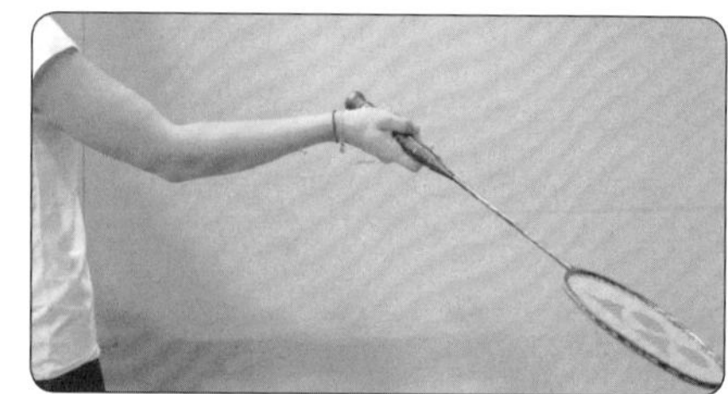

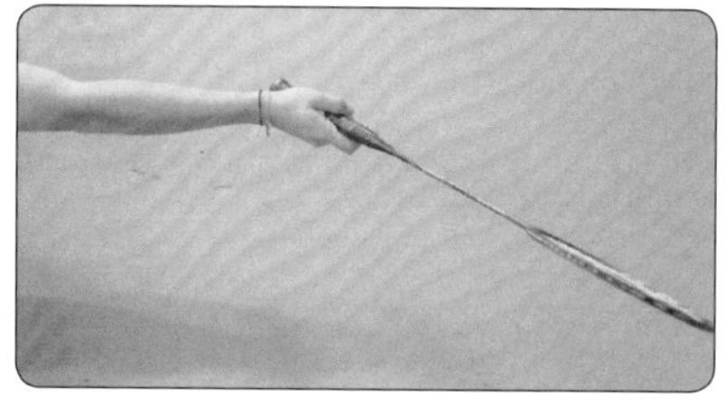

Kontrolle – festes Handgelenk

3.3 Power (Beschleunigung)

Das Prinzip der Beschleunigung ist aus taktischer Sicht von großer Bedeutung, hat aber auch entscheidenden Einfluss auf den Spaßfaktor beim Badmintonspielen. Jeder Spieler möchte gerne, dass der von ihm geschlagene Ball weit oder schnell nach unten fliegt und dass es beim Schlag „knallt“. Um das zu erreichen, muss man den **Schlägerkopf sehr stark beschleunigen** und den **Ball möglichst gerade (ohne Schnitt)** treffen.

Für eine große Beschleunigung des Schlägerkopfes sind neben dem hier beschriebenen Prinzip der Beschleunigung auch andere Faktoren, wie die Stellung zum Ball, die Beinarbeit beim Schlag, die Körperrotation und der korrekte Armzug, ausschlaggebend.

Betrachtet man nur das System Schläger und Arm, so erzielen wir hier eine **optimal große Beschleunigung**, wenn wir den Schläger ungefähr 90° zum Unterarm halten und den Unterarm rotieren. Der Schlägerkopf dreht um die Hand und wird so stark beschleunigt, dass man den Windzug deutlich hören kann. Da sich der Schlägerkopf bei der Rotation um die Hand auf einer Kreisbahn befindet, ist es sehr viel schwerer als mit festem Handgelenk, die Richtung des Schlages zu kontrollieren. Die Beschleunigung geht hier also zu Ungunsten der Kontrolle.

Bei **Vorhandschlägen** wird die **Unterarmdrehung nach innen (Pronation)** und bei **Rückhandschlägen nach außen (Supination)** durchgeführt. Voraus geht diesem jeweils eine sehr kurze Gegenbewegung zur Vorspannung.

Die wichtigsten Schläge dieses Schlagprinzips sind der *Clear* von Grundlinie zu Grundlinie sowie der *Smash*.

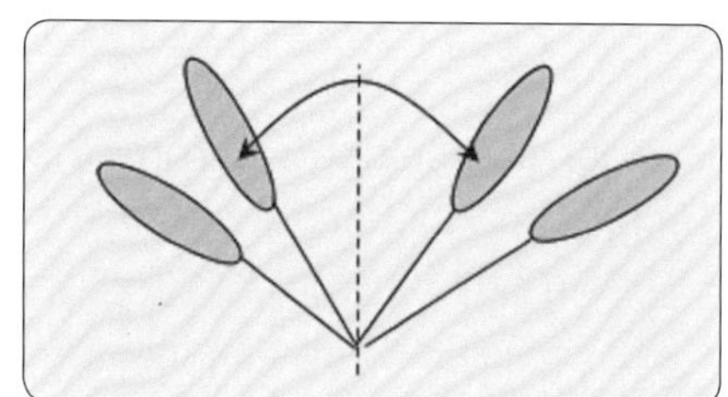

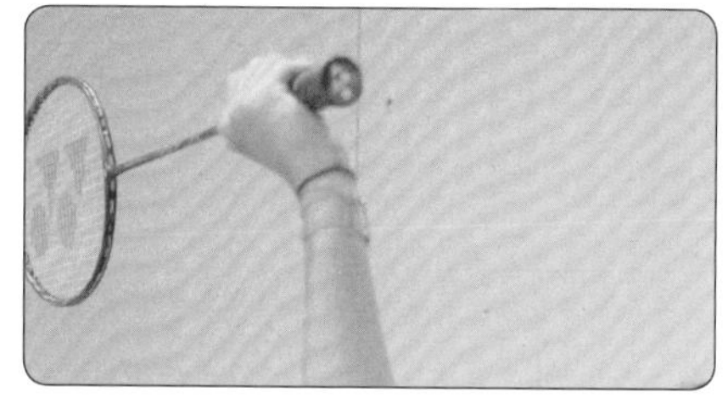

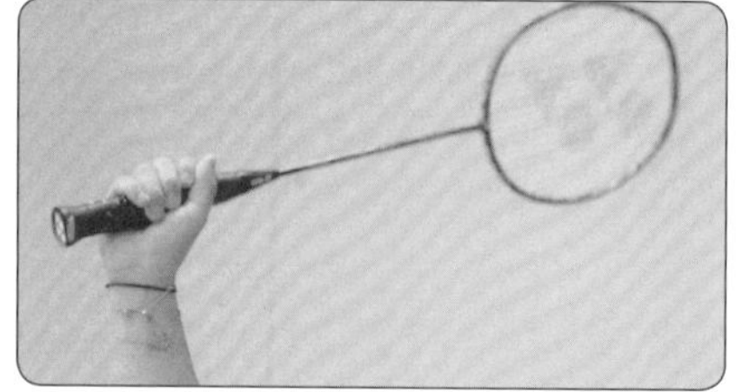

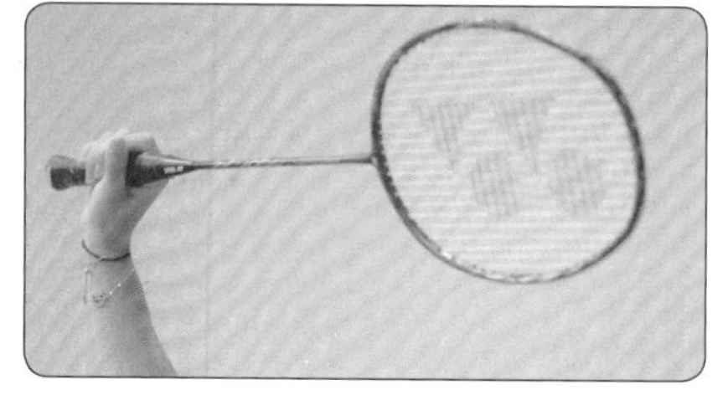

Power – Unterarmdrehung

3.4 *Ansatzlosigkeit (verzögern, täuschen)*

Die Schläge, die diese Schlaggruppe behandelt, sind das „Salz in der Suppe“ beim Badmintonspiel. Gerne möchte man den Gegner lange im Unklaren lassen, ob man kurz oder lang, einen geraden oder einen diagonalen Ball spielen wird. Verzögerte Schläge und Täuschungen bringen den Gegner aus der Balance und damit entscheidende Spielvorteile.

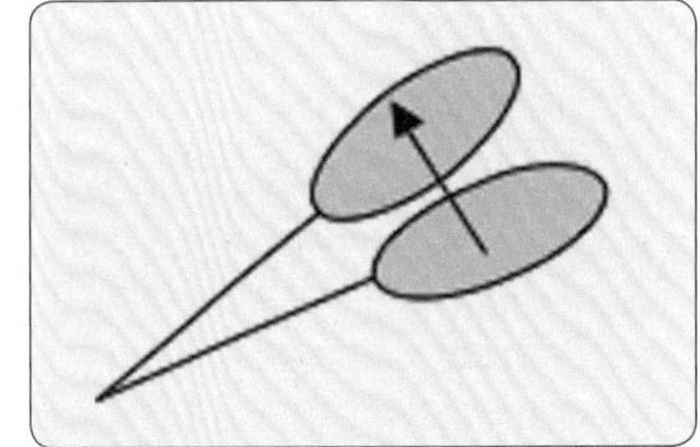

Bezogen auf die Schlagausführung handelt es sich hierbei um eine **Mischform aus Beschleunigung und Kontrolle**. Da getäuschte Schläge meist nicht sehr hart oder sehr weit fliegen müssen, reicht die Schlägerbeschleunigung durch den Handgelenkeinsatz aus. Unterstützt wird dieser durch eine Streckung des Armes/der Hand in Richtung des Zielpunktes des Schlages.

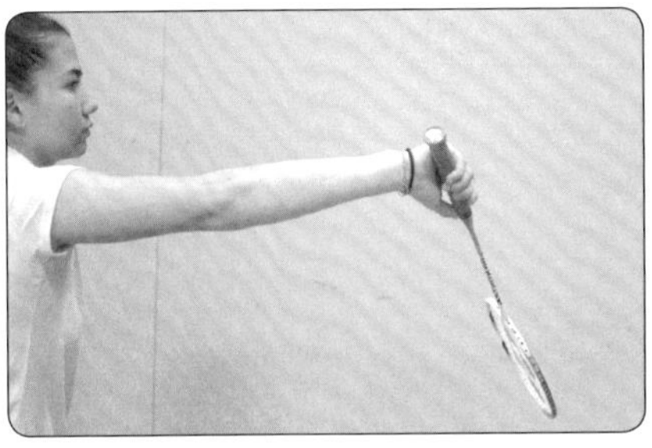

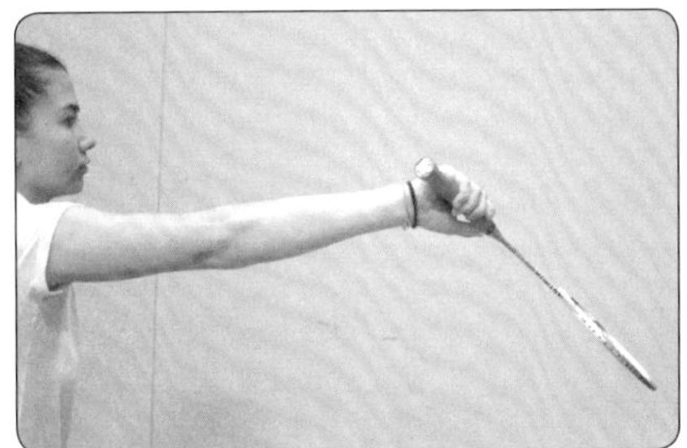

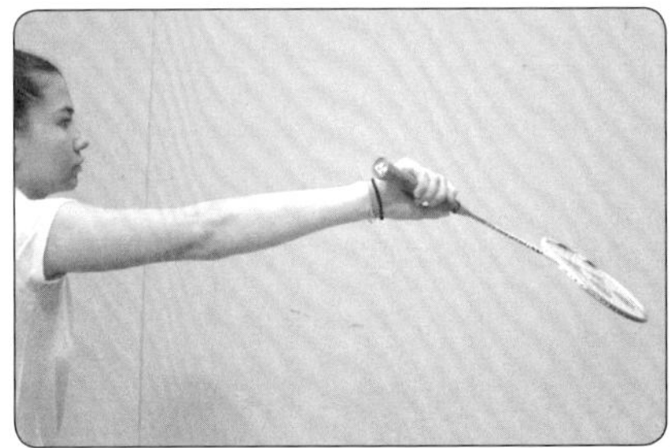

Ansatzlosigkeit – Handgelenkeinsatz und Armstreckung

Bei der klassischen Lernmethode geht man bei fast allen Sportarten davon aus, eine idealtypische Technik möglichst genau zu kopieren und zu reproduzieren. Dies lässt den Schülern jedoch nur wenige Freiheitsgrade im Lernprozess.

Die Lernenden sollen vielmehr situativ das richtige Schlagprinzip für ihre Ziele (beschleunigen, kontrollieren, täuschen) anwenden können. Hierbei ist es wichtig, dass sie die Prinzipien erklärt und gezeigt bekommen und dann sowohl in verschiedenen Übungen als auch im Spiel selbst herausfinden, wie die jeweilige Technik für sie individuell anzuwenden ist. Die Schüler können dabei ihre eigene Wahrnehmung sowie Eigenkorrekturen mit einbringen und in dieser Phase, in der sich der Schlag für sie noch nicht „richtig gut“ anfühlt und der gewünschte Effekt des Schlages ausbleibt, auf dem Weg zum qualitativ guten Schlag selbst optimieren.

4. Technikbeschreibung: Schlagtechnik

Grundsätzlich benötigt man **5 Schlagtechniken**, um den Gegner auf dem Feld gezielt taktisch zu bewegen. Man muss vom Netz den Ball ins Hinterfeld und ans Netz spielen können, ebenso aus dem Hinterfeld ans Netz und lang ins Hinterfeld. Darüber hinaus ist es notwendig, den Ball mithilfe des Aufschlags überhaupt erst einmal ins Spiel zu bringen.

 Schläge, die ans **Netz** gespielt werden, nennt man *Drop.*

 Schläge, die ins **Hinterfeld** gespielt werden, nennt man *Clear.*

 Beim **Aufschlag** unterscheidet man den Rückhand- und den Vorhandaufschlag.

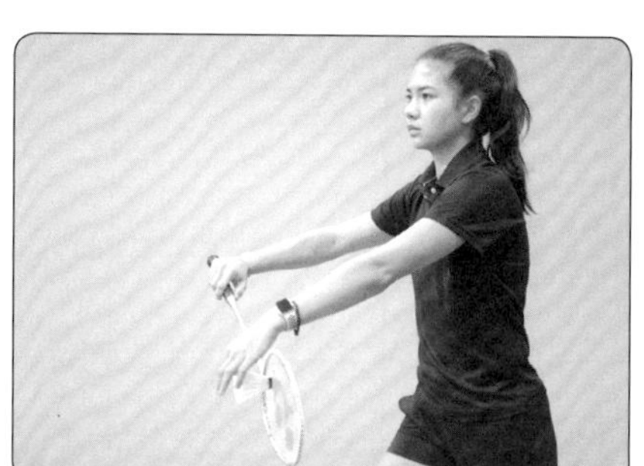

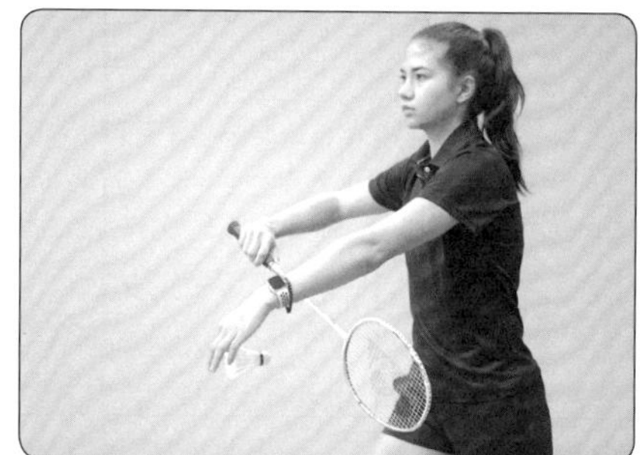

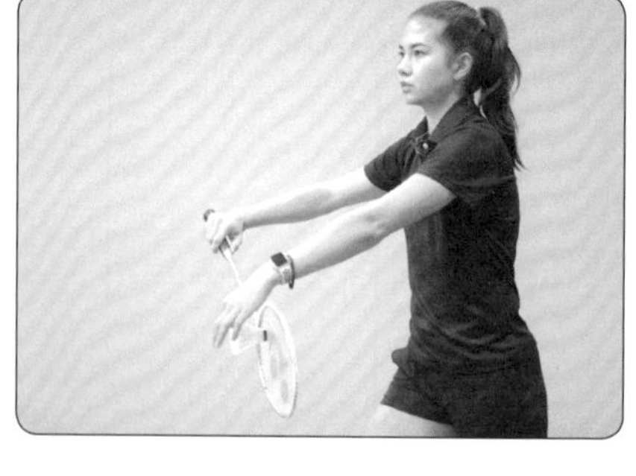

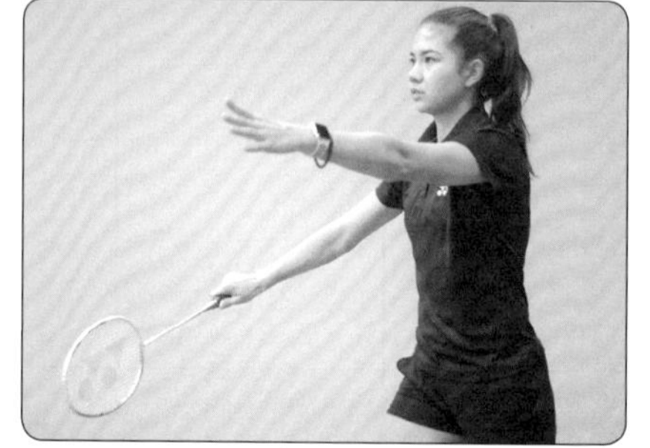

In den Doppeldisziplinen, bei denen hauptsächlich kurz aufgeschlagen wird, wird ausschließlich der Rückhandaufschlag benutzt. Auch beim Herreneinzel sieht man ab einer gewissen Spielstärke nur noch den Rückhandaufschlag. Lediglich im Dameneinzel wird auch bis in die Weltspitze hinein der hohe Vorhandaufschlag genutzt.
Die Vorteile des Rückhandaufschlags liegen darin, dass seine Bewegung viel kürzer ist und dadurch schwerer für den Gegner zu antizipieren. Auch ist der Bewegungsablauf viel leichter als der des Vorhandaufschlags und damit viel weniger fehlerträchtig.
Vielfach wird zu Beginn der Vorhandaufschlag gelehrt, was zu einigem Frust führen kann und viele anstrengende und spaßige Ballwechsel verhindert. Ich empfehle daher, den Rückhandaufschlag von Anfang an zu lehren, damit der Ball sicher ins Spiel kommt und damit auch Ballwechsel zustandekommen.

4.1 Kurzer Rückhandaufschlag

Bei dem kurzen Rückhandaufschlag ist es möglich, dass die Füße parallel stehen oder dass der rechte Fuß etwas nach vorne verschoben ist. Mit 2 Fingern der linken Hand wird eine Feder gefasst und nach vorne vor den Körper gehalten. Der Schläger steht in einer 3-Uhr-Position, der Daumen liegt auf der flachen Seite auf und die Schlagfläche wird hinter den Ball geführt. Mit einer kurzen Ausholbewegung wird der Ball übers Netz geschlagen. Hierbei ist der Daumen die steuernde Kraft.

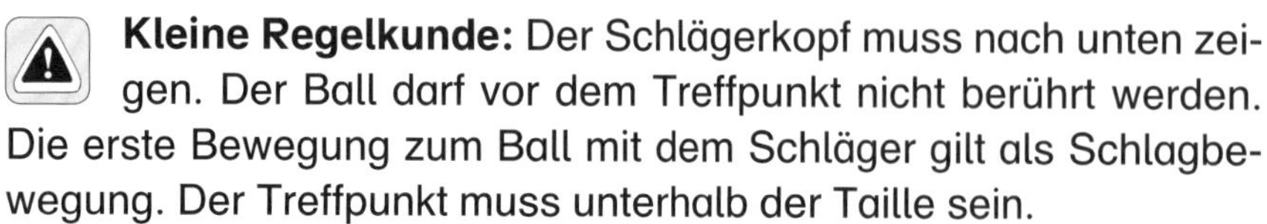

Kleine Regelkunde: Der Schlägerkopf muss nach unten zeigen. Der Ball darf vor dem Treffpunkt nicht berührt werden. Die erste Bewegung zum Ball mit dem Schläger gilt als Schlagbewegung. Der Treffpunkt muss unterhalb der Taille sein.

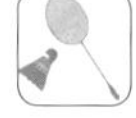 **Geeignete Übungen:**
6.2.11, 6.3.1, 6.3.2, 6.3.4, 7.4, 8.1, 8.2, 8.4, 9.2

4.2 Langer Rückhandaufschlag

Beim langen Rückhandaufschlag wird alles analog zum kurzen Rückhandaufschlag gemacht. Es wird nur etwas fester gegen den Ball geschlagen, wobei der Arm gestreckt ist und die Hand mit dem Daumen eine Druckbewegung in Richtung des Balles ausführt.

Tipp: Den Schläger locker greifen und beim Schlag fest zufassen!

Geeignete Übungen:
6.2.1–6.2.5, 6.2.12, 6.3.3, 7.1–7.4, 8.4, 9.2

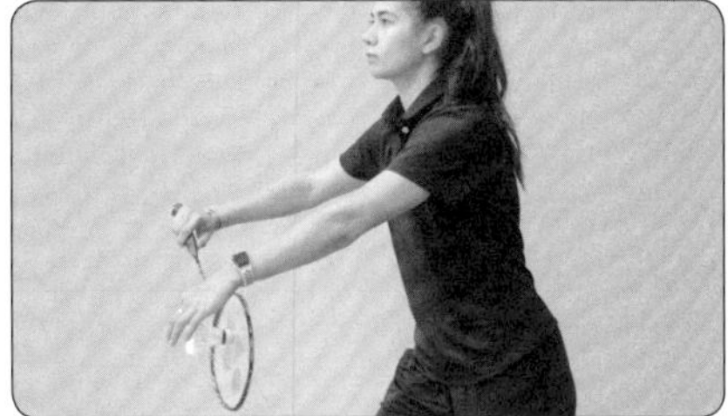

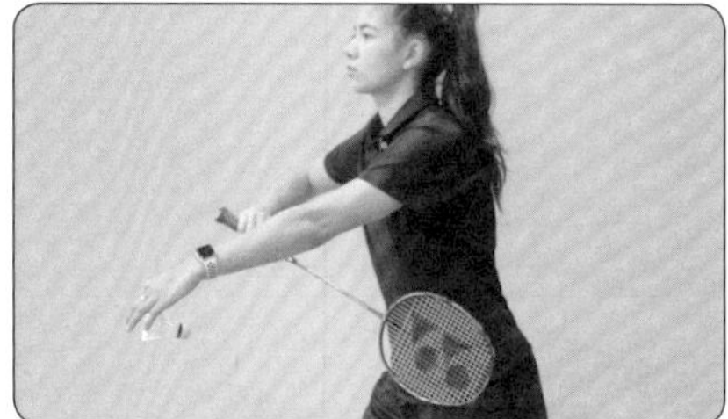

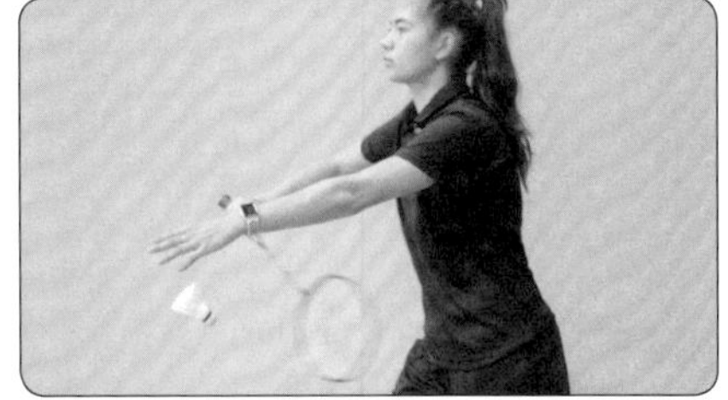

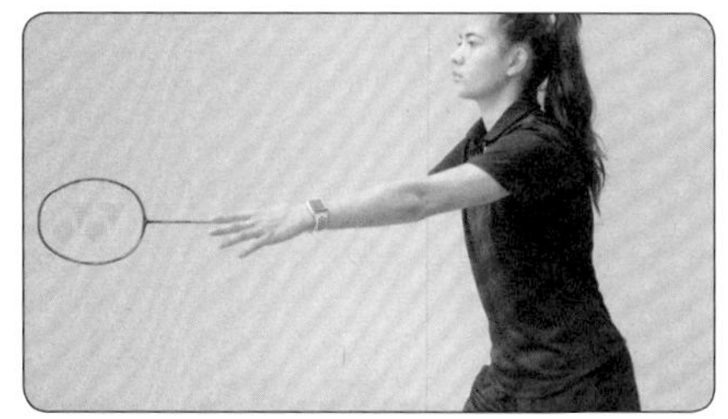

Rückhandaufschlag

4.3 Langer Vorhandaufschlag

Beim langen Vorhandaufschlag stehen wir mit dem linken Fuß vorne. Der Ball wird mit der linken Hand nach vorne gehalten, der Schläger geht mit der rechten Hand nach hinten. Der Ball wird mit der linken Hand leicht nach vorne geworfen, gleichzeitig vollzieht der Schläger mit der rechten Hand einen Halbkreis nach unten und trifft den Ball vor dem Körper. Während dieser Bewegung wird das Körpergewicht von dem hinteren Fuß auf den vorderen verlagert und der Oberkörper macht eine Viertel-rotation um die Längsachse.

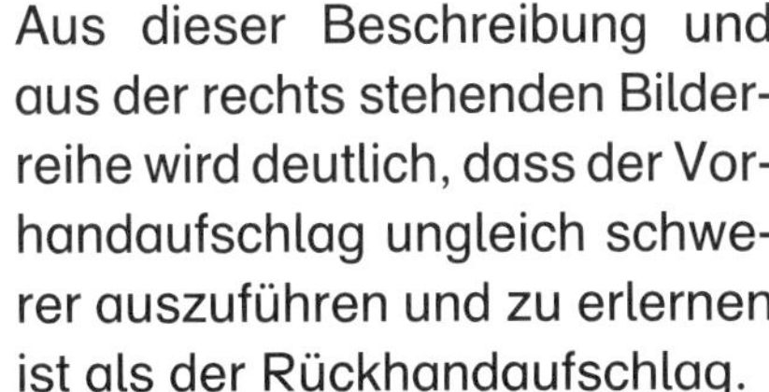

Aus dieser Beschreibung und aus der rechts stehenden Bilderreihe wird deutlich, dass der Vorhandaufschlag ungleich schwerer auszuführen und zu erlernen ist als der Rückhandaufschlag.

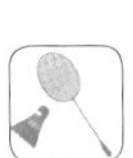

Geeignete Übungen:
6.2.1–6.2.5, 6.2.12, 6.3.3, 7.1–7.4, 8.4, 9.2

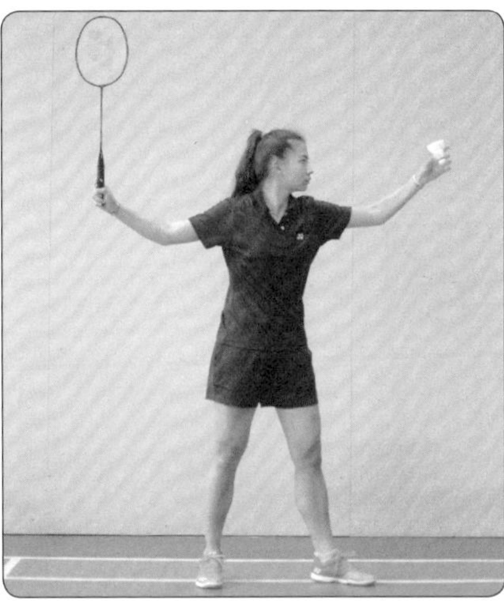

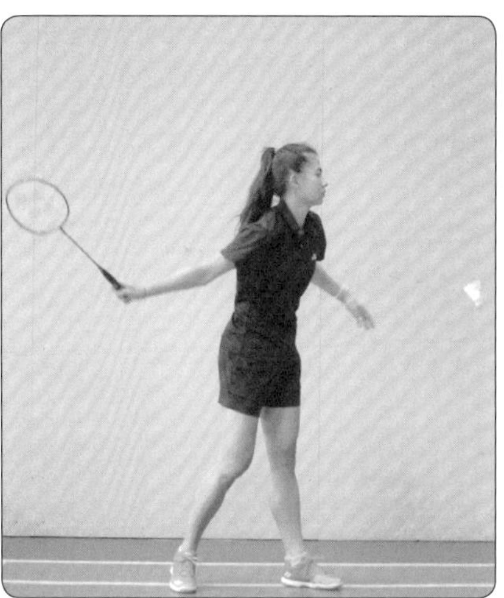

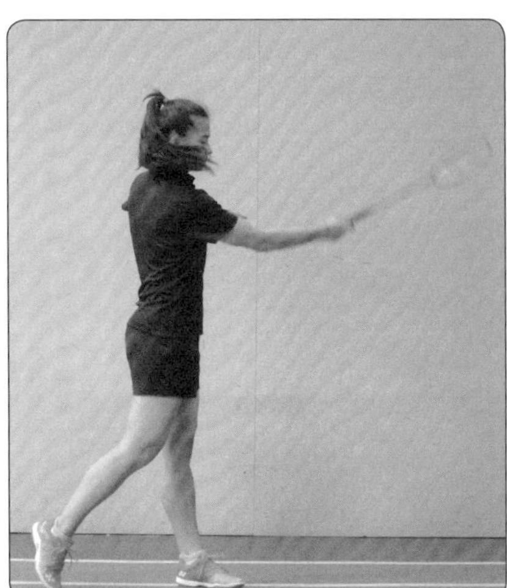

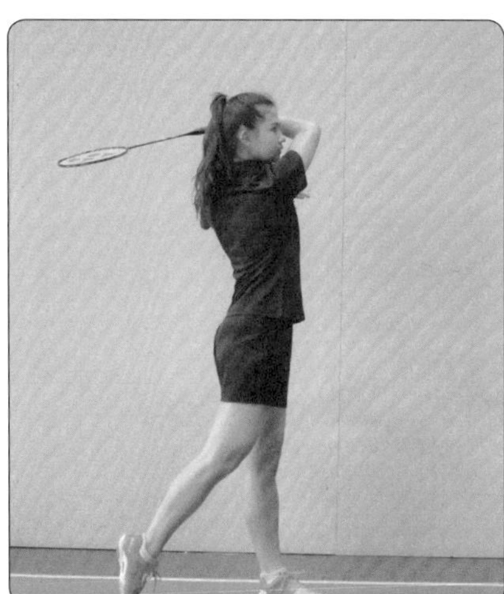

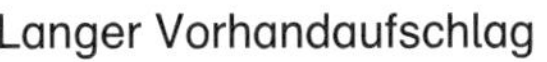

Langer Vorhandaufschlag

4.4 Drop am Netz (Netzdrop) Vorhand

Der Netz*drop* ist ein taktisch **wichtiger Schlag**, da der Ball sehr schnell auf die gegnerische Seite fliegt und dem Gegner damit sehr wenig Zeit bleibt, ihn zu erreichen. Wichtig ist hierbei, den Ball möglichst weit vorne und hoch am Netz zu treffen. Für den Schlag ist nahezu keine Kraft erforderlich, jedoch eine Menge Ballgefühl und Schlagkontrolle.

Der Vorhand-Netz*drop* wird mit fast festem Handgelenk gespielt, der Schläger zeigt dabei im „Vormittagsgriff" (10–11-Uhr) so gut wie parallel zum Boden.

In der **einfachsten Form** wird der Schläger einfach nur hingehalten, und der Ball springt automatisch auf die andere Netzseite. Der Schlägerkopf ist dabei ungefähr in Augenhöhe und zeigt leicht nach unten, d. h. die Hand ist höher als der Schlägerkopf.

Fortgeschrittene treffen den Ball, wenn der Fuß am Netz noch nicht ganz den Boden berührt hat. Dann geht die Vorwärtsbewegung des ganzen Körpers in den Ball und man braucht mit Arm und Hand keine weitere Schlagbewegung zu machen. Wenn ein Spieler das beherrscht, kann man mit dem Schläger den Ball noch zusätzlich ganz leicht seitlich schneiden, sodass der Ball ins Trudeln gerät.

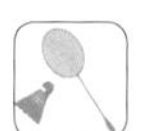

Geeignete Übungen:
6.2.11, 6.3.2, 6.3.3, 7.4, 8.2, 8.4, 9.3

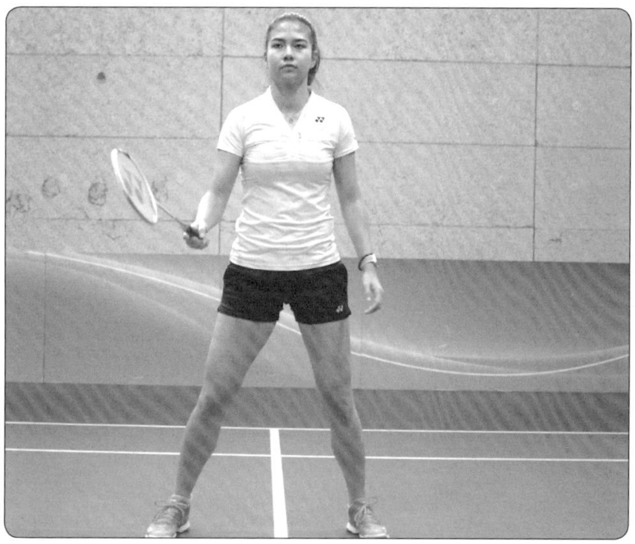

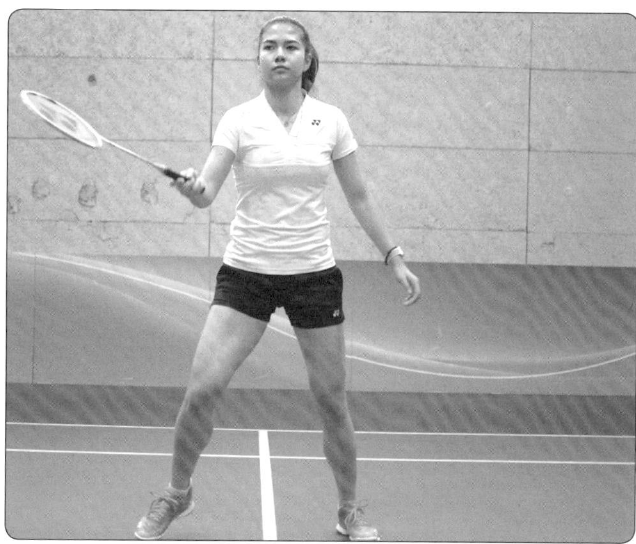

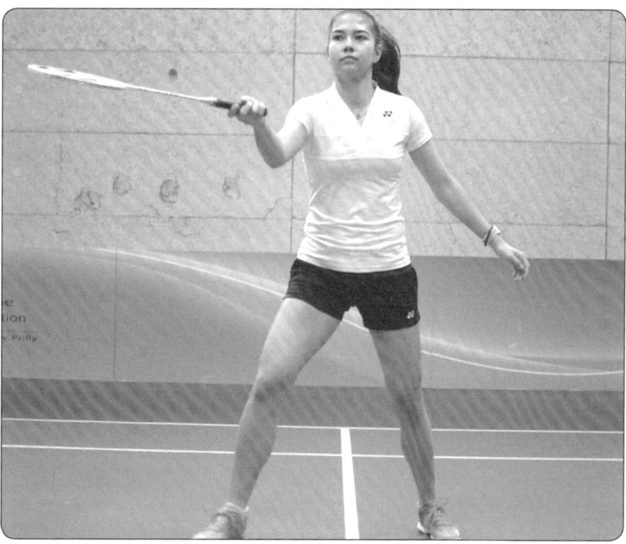

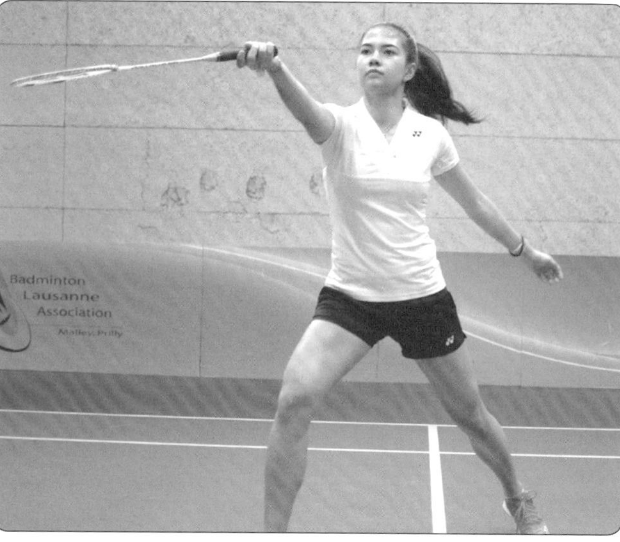

Netz*drop* (Vorhand)

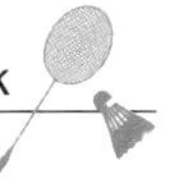

4.5 Drop am Netz (Netzdrop) Rückhand

Der Rückhand-Netz*drop* wird mit fast festem Handgelenk gespielt, der Schläger zeigt dabei im „Nachmittagsgriff" (13–14-Uhr) so gut wie parallel zum Boden.

In der **einfachsten Form** wird der Schläger einfach nur hingehalten, und der Ball springt automatisch auf die andere Netzseite. Der Schlägerkopf ist dabei ungefähr in Augenhöhe und zeigt leicht nach unten, d. h. die Hand ist höher als der Schlägerkopf.

Wichtig für **Fortgeschrittene** ist, dass der Ball schon getroffen wird, wenn der Fuß am Netz noch nicht ganz den Boden berührt hat. Somit geht wieder die Vorwärtsbewegung des ganzen Körpers mit in den Ball, und man braucht mit Arm und Hand keine weitere Schlagbewegung zu machen. Auch bei diesem Schlag kann man mit dem Schläger den Ball ganz leicht seitlich schneiden, sodass der Ball ins Trudeln gerät.

Geeignete Übungen:
6.2.11, 6.3.2, 6.3.3, 7.4, 8.2, 8.4, 9.3

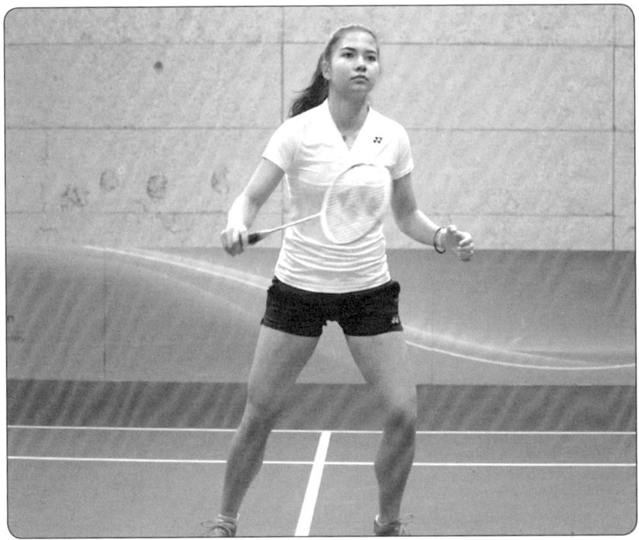

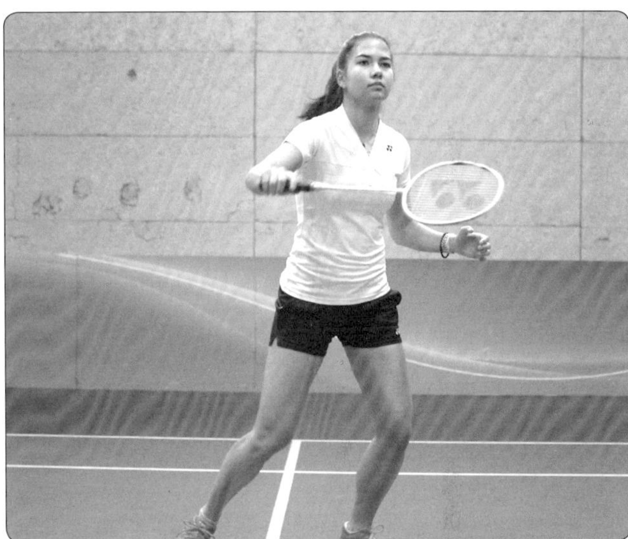

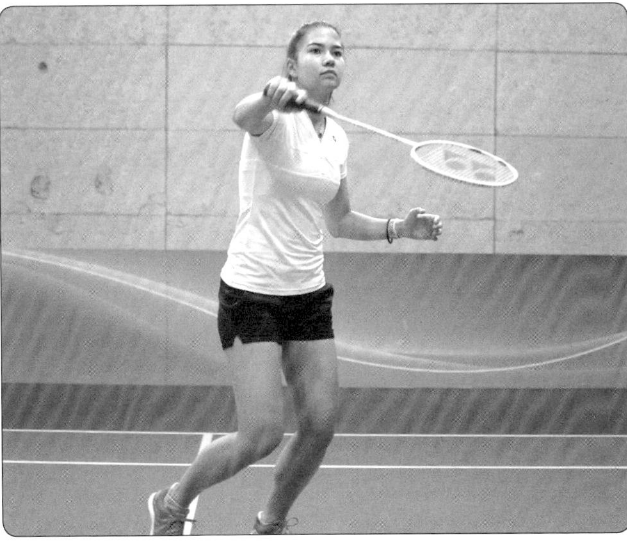

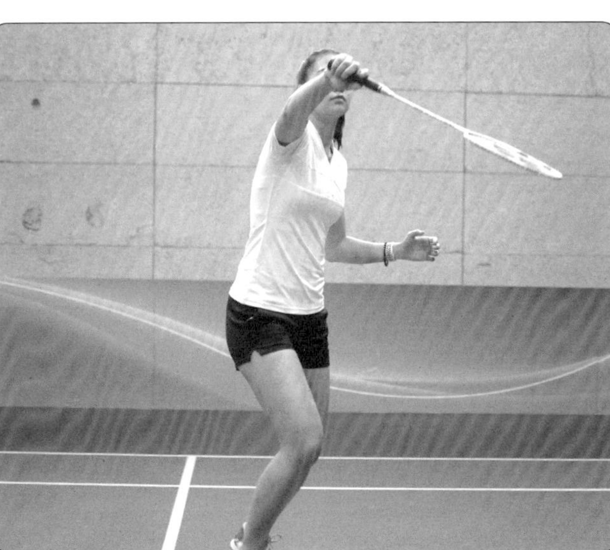

Netz*drop* (Rückhand)

4.6 Clear (lang) vom Netz an die Grundlinie (Vorhand)

Beim *Clear* vom Netz ist es wichtig, dass (im Gegensatz zum Netz*drop*) der Fuß schon auf dem Boden steht und der **Körper** damit **stabil** ist, wenn der Ball getroffen wird.

Die **Griffhaltung** für einen Vorhand*clear* am Netz ist (genau wie beim Netz*drop* mit der Vorhand) individuell zwischen 10- und 11-Uhr. Der Schlägerkopf hängt leicht nach unten, die Hand ist höher als der Schlägerkopf. Für den Schlag braucht man nicht viel Kraft, aber viel Kontrolle, deshalb wird nur eine sehr kleine Handgelenkbewegung kombiniert mit einem Strecken des Armes.

Die **Schlagfläche** sollte schon vor dem Treffpunkt dort sein, wo später der Ball getroffen wird. Ein Schwingen durch den Ball sollte man vermeiden.

Die Hand macht eine Bewegung in die Richtung, in die der Ball fliegen soll.

Geeignete Übungen:
6.2.2, 6.2.5, 6.2.12, 6.2.13, 6.3.1–6.3.4, 7.1–8.2, 8.4, 9.3

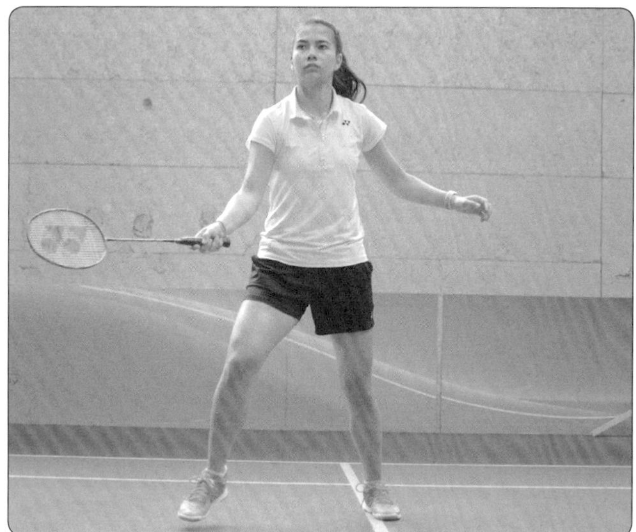
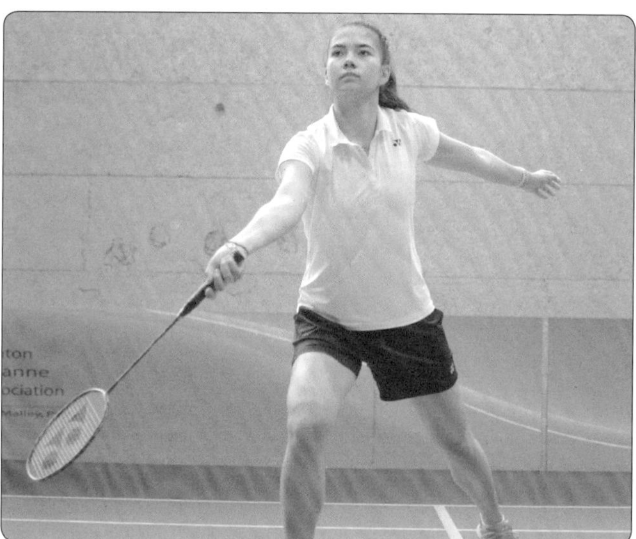
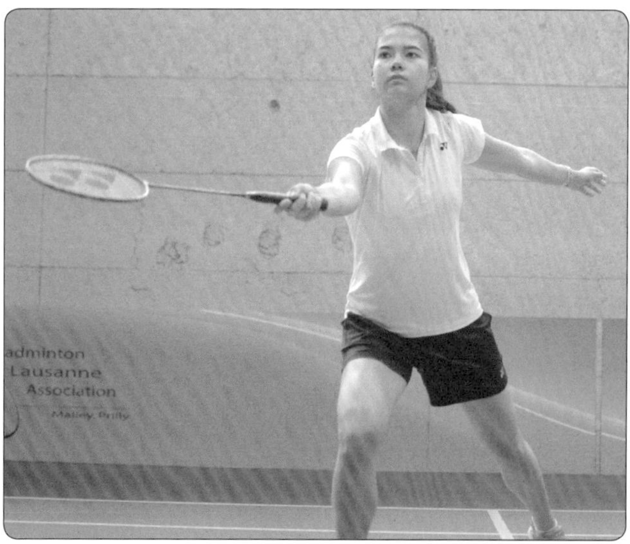

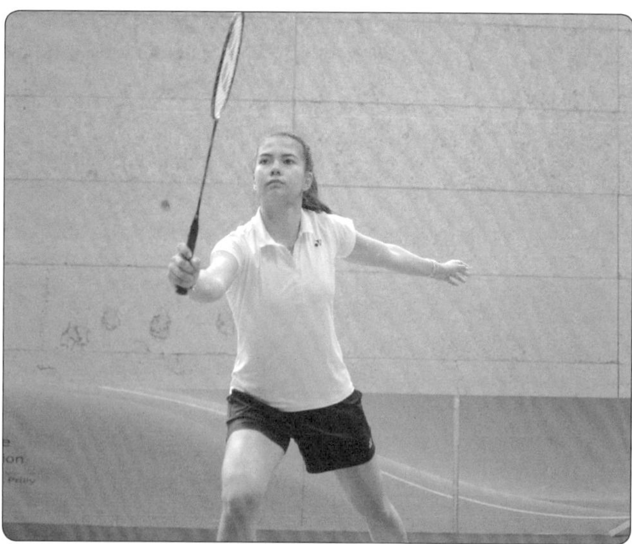

Clear vom Netz (Vorhand)

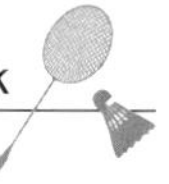

4.7 Clear (lang) vom Netz an die Grundlinie (Rückhand)

Auch beim Rückhand*clear* vom Netz ist es wichtig, dass der Fuß schon auf dem Boden steht und der **Körper** damit **stabil** ist, wenn der Ball getroffen wird.

Die **Griffhaltung** für einen Rückhand*clear* am Netz ist (genau wie beim Netz*drop* mit der Rückhand) individuell zwischen 13- und 14-Uhr. Der Schlägerkopf hängt leicht nach unten, die Hand ist höher als der Schlägerkopf. Für den Schlag braucht man nicht viel Kraft, aber viel Kontrolle, deshalb wird nur eine sehr kleine Handgelenkbewegung kombiniert mit einem Strecken des Armes. Beim Rückhand*clear* ist es sinnvoll, den **Daumen** auf der Längsseite des Griffes zu haben und mit dem Daumen den Ball quasi ins Hinterfeld zu drücken.

Die **Schlagfläche** sollte schon vor dem Treffpunkt dort sein, wo später der Ball getroffen wird. Ein Schwingen durch den Ball sollte man vermeiden.

Die Hand macht eine Bewegung in die Richtung, in die der Ball fliegen soll.

Geeignete Übungen:
6.2.2, 6.2.5, 6.2.12, 6.2.13, 6.3.1–6.3.4, 7.1–8.2, 8.4, 9.3

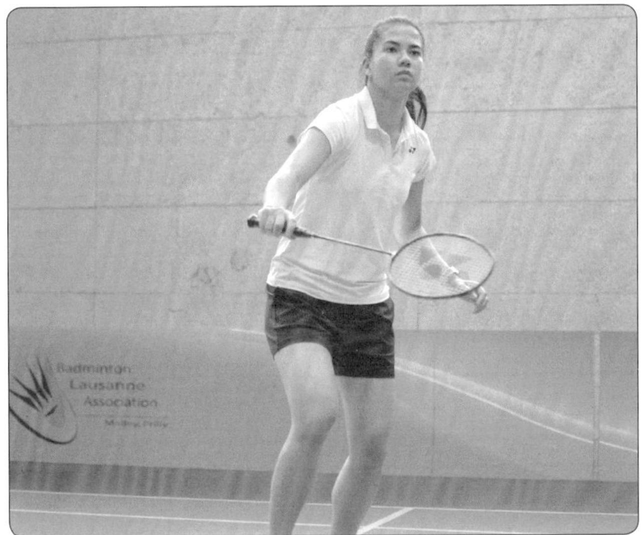

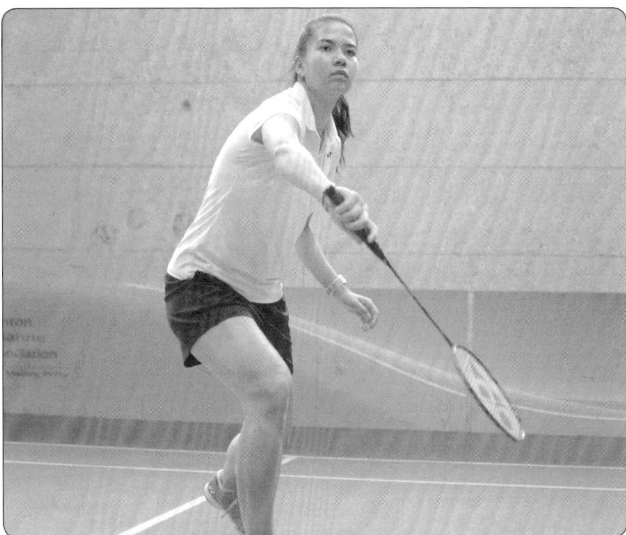

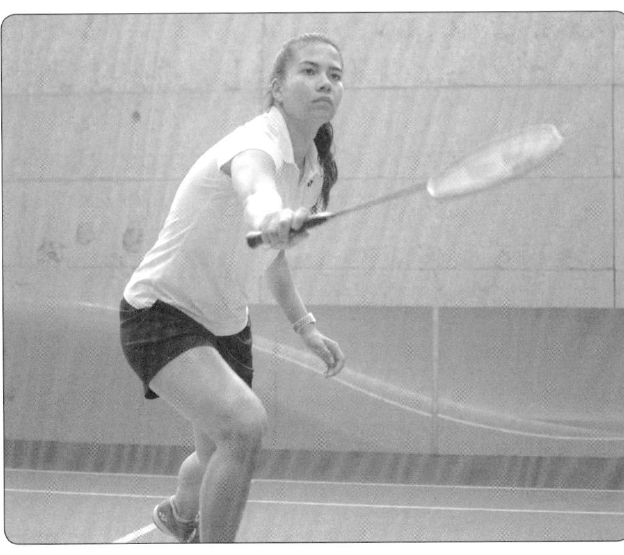

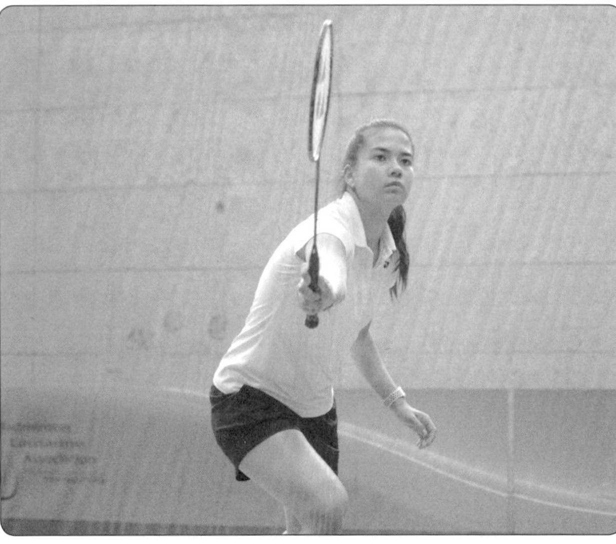

Clear vom Netz (Rückhand)

4.8 Clear (lang) an die Grundlinie

Der *Clear* von Grundlinie zu Grundlinie gilt als der **Grundschlag** beim Badminton. Wer es schafft, seinen Gegner aus jeder Situation immer wieder lang an der Grundlinie anzuspielen, der hat häufig entscheidende Vorteile im Spiel.

Der *Clear* von Grundlinie zu Grundlinie hat bei mangelnder Technik viel mit der vorhandenen Kraft des Spielers zu tun. Bei korrekter Technik ist es jedoch jedem Spieler möglich, einen *Clear* lang genug an die Grundlinie zu spielen.

Beim *Clear* wird die Kraft mehrerer **Teilimpulse** kombiniert. So ist es wichtig, vor dem Schlag in einem Stemmschritt zu stehen und die Kraft des hinteren Beines für den Schlag zu nutzen. Mit dem Herausdrücken aus dem Stemmschritt durch das hintere Bein wird eine Körperrotation eingeleitet, die Kraft auf den Ball überträgt. Die Körperrotation geht von der Hüfte auf den Oberkörper über, die Schlagarmschulter wird nach vorn gebracht. Wichtig für einen langen *Clear* ist ein möglichst **hoher Treffpunkt**. Das erreicht man durch einen deutlich nach oben geführten Ellenbogen.

Am Ende der Bewegungskette steht die **Unterarmrotation**. Bei einem Vorhand*clear* wird eine leichte Vorspannung nach außen (**Supination**) und eine Schlagbewegung mit einer Rotation nach innen (**Pronation**) kombiniert. Der *Clear* wird über dem Körper (Kopf) getroffen. In Notfällen kann ein *Clear* auch geschlagen werden, wenn der Treffpunkt hinter dem Kopf ist. Nach dem Schlag schwingen Arm und Schläger vor dem Körper locker aus.

Geeignete Übungen:
6.2.1, 6.2.3, 6.2.4, 6.2.6, 6.3.1–6.3.4, 7.4, 8.2–8.4, 9.4

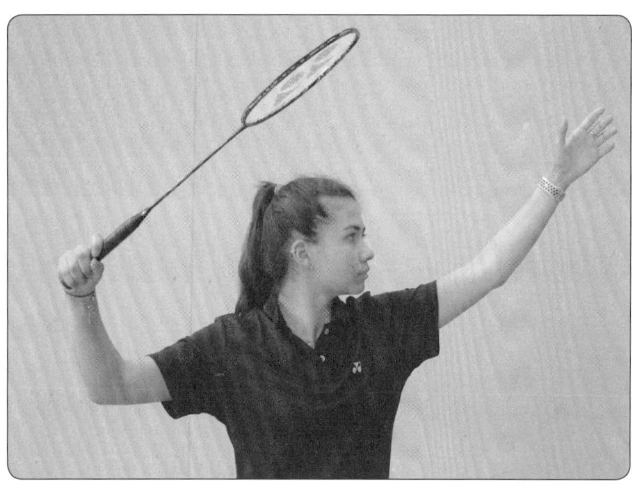

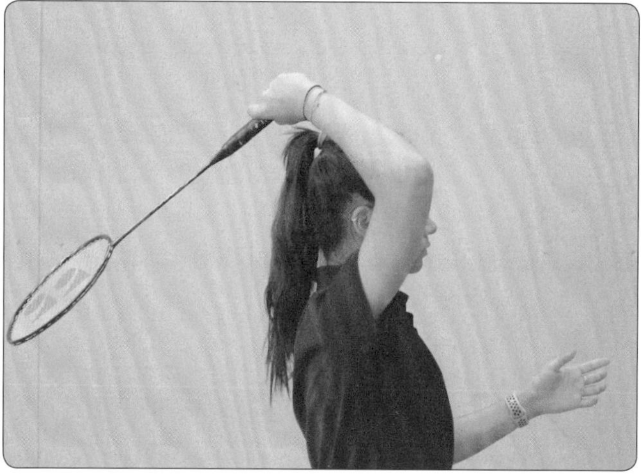

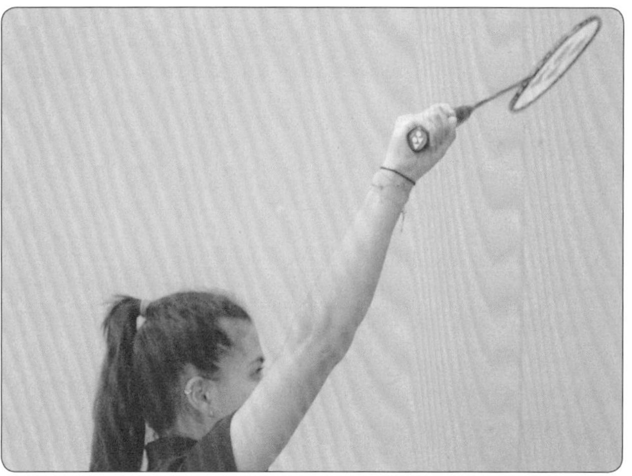

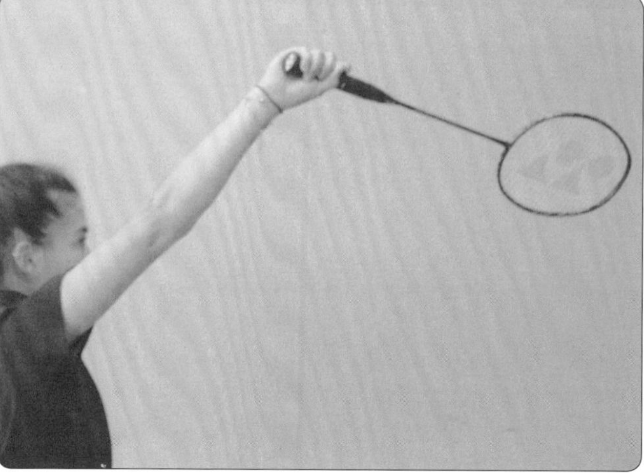

Clear von der Grundlinie

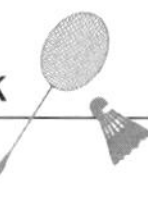

4.9 Drop (kurz) hinter das Netz (Vorhand)

Der *Drop* von der Grundlinie ist ein wichtiger Schlag, weil er den Gegner daran hindert, einen Angriffsschlag (*Smash*) zu spielen. Gleichzeitig wird der Gegner gezwungen, weit nach vorne zu laufen, einen tiefen Ausfallschritt zu machen und den Ball hoch zu spielen. Dadurch ist er im Hinterfeld angreifbar.

Die **Beinarbeit** beim *Drop* aus dem Hinterfeld ist ähnlich der des *Clear* und des *Smash*. Der Ball wird wiederum aus einem Stemmschritt heraus geschlagen. Der rechte Fuß und die rechte Hüfte stehen hinten, die rechte Schulter zeigt ebenfalls nach hinten.

Für den Schlag selbst wird kaum Kraft benötigt, jedoch viel **Ballkontrolle**. Das heißt, der Einsatz von Unterarm und Handgelenk ist nicht zu übertrieben. Der Schlag wird aber auch nicht aus ganz festem Handgelenk gespielt. Der Ball wird vor dem Körper (Kopf) getroffen, somit zeigt seine Flugbahn automatisch nach unten.

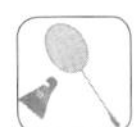

Geeignete Übungen:
6.2.2, 6.2.5, 6.2.6, 6.2.12, 6.3.1–6.3.4, 7.1–8.4, 9.4

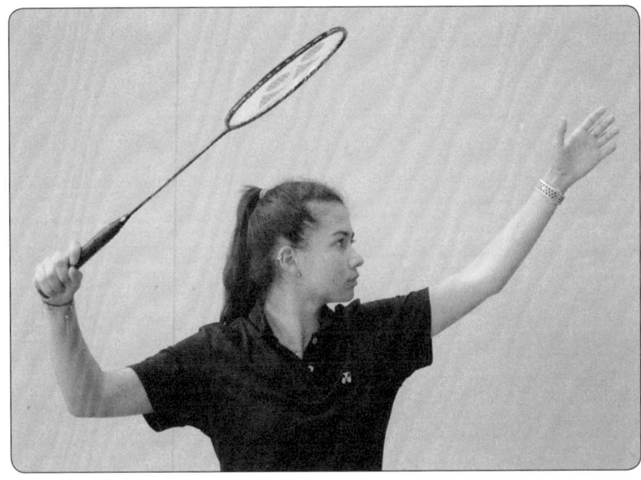

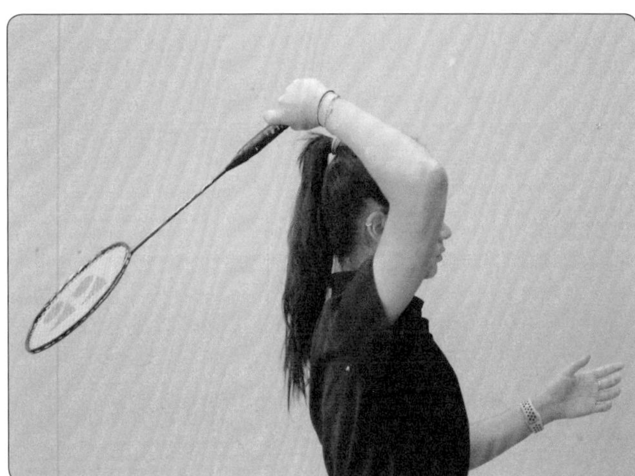

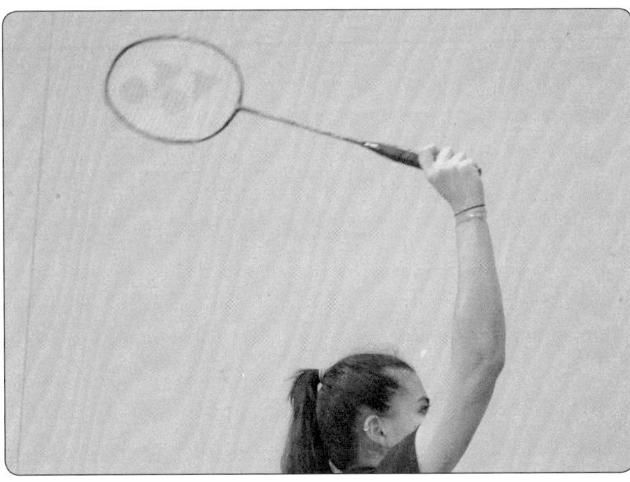

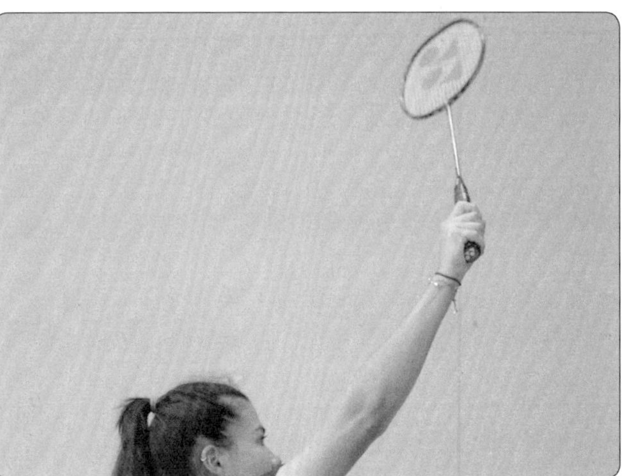

Drop von der Grundlinie

4.10 Smash von der Grundlinie

Der *Smash* von der Grundlinie ist der spektakulärste Schlag im Badminton. Die Dynamik des Athleten bei der Schlagausführung, der Sound des lauten Knalls und nicht zuletzt die hohe Ballgeschwindigkeit zeigen an, dass es sich hier um einen sehr **aggressiven Schlag** handelt.

Technisch gesehen ist der *Smash* eine **Kombination aus *Clear* und *Drop*** von der Grundlinie. Die gesamte Technik des *Smash* ist nahezu identisch mit der des *Clear*, nur ist der Treffpunkt des Balles nicht über oder hinter dem Körper (Kopf), sondern (wie beim *Drop*) **vor dem Körper**.

Wie beim *Clear* ist der Körper aufrotiert. Die Härte des Schlages wird durch die Koppelung der Teilimpulse (Bein – Hüfte – Schulter – Ellenbogen – Unterarmdrehung) und eine noch stärkere Dynamik als beim *Clear* erreicht.

Geeignete Übungen:
6.3.1–6.3.4, 7.3–8.4, 9.4

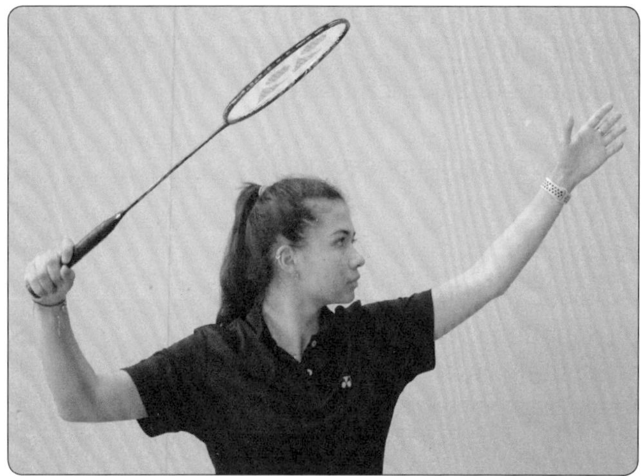

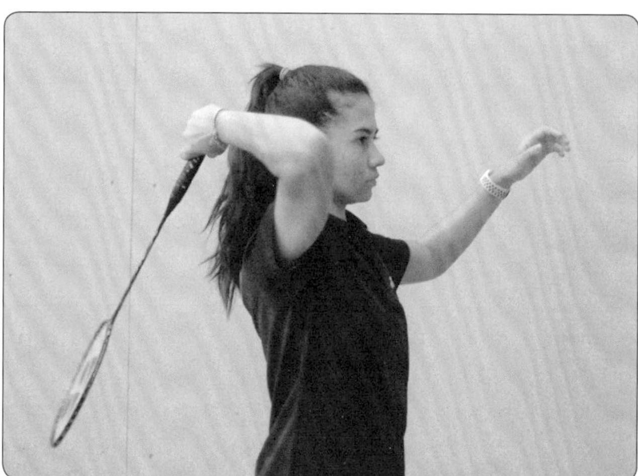

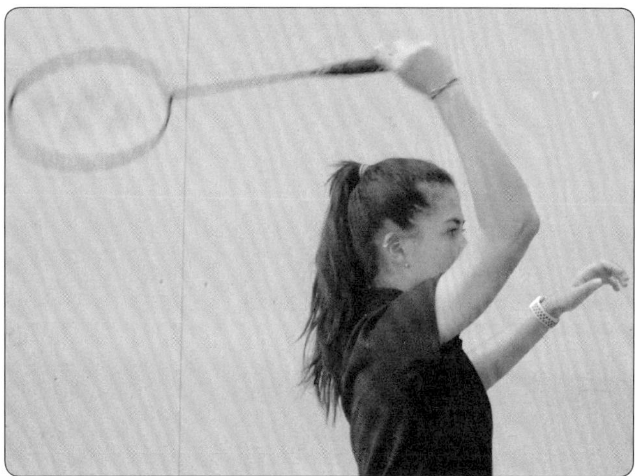

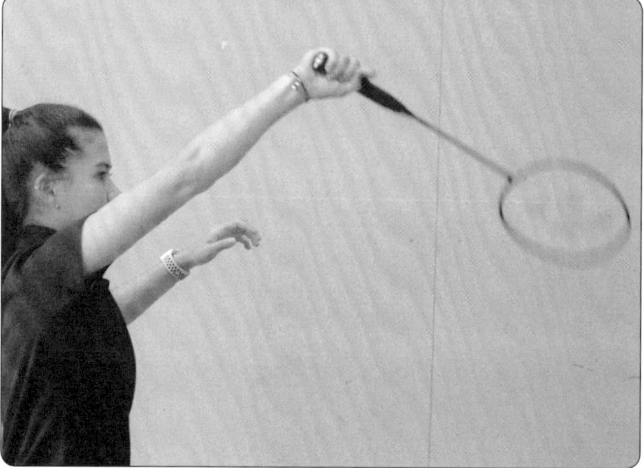

Smash von der Grundlinie

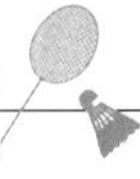

4.11 Smashabwehr (Rückhand)

Die *Smash*abwehr mit der Rückhand ist, wenn man sie *longline* spielt, ein technisch sehr einfacher Schlag. Bei der Abwehr ist das wichtigste Prinzip die **Kontrolle** (nicht *power*, die bringt der *Smash* mit, und nicht Ansatzlosigkeit), d. h. der Schläger wird mit einem festen Handgelenk gehalten.

Weit verbreitet ist auch die Meinung, dass zum Badmintonspielen ein überaus großes Reaktionsvermögen gehört. Richtig ist vielmehr, dass das **Antizipationsvermögen** sehr gut ausgeprägt sein muss. Ein guter Spieler reagiert nur auf 20 % der *Smash* und ahnt 80 % voraus.

Da durch die Dynamik des *Smash* und die Geschwindigkeit des Balles eine gewisse Hektik entsteht, ist es wichtig, als Abwehrspieler besonders **ruhig** zu agieren. Der Fuß muss frühzeitig herausgesetzt werden und feststehen, bevor der Schläger mit festem Handgelenk in die Flugbahn des *Smash* gehalten wird und den Ball mit leichter Bewegung über das Netz drückt.

Die **Griffhaltung** bei der Rückhandabwehr im Einzel ist je nach Treffpunkt individuell zwischen 12 und 13 Uhr: 12-Uhr-Stellung bei einem Treffpunkt neben dem Körper und 13-Uhr-Stellung bei einem Treffpunkt leicht vor dem Körper.

Ist der Ball schnell, so sollte der Schlägerkopf sich nicht auch noch schnell bewegen.

Geeignete Übungen:
6.3.1–6.3.4, 7.4–8.2, 8.4, 9.5

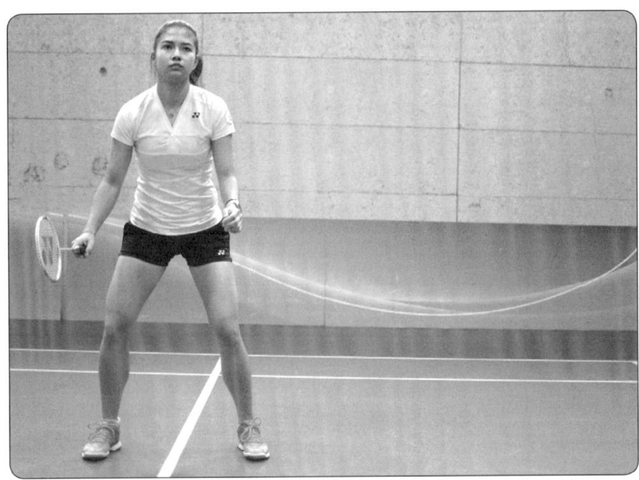

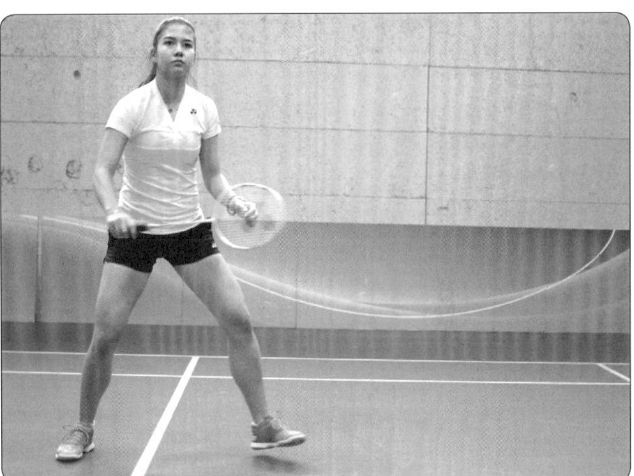

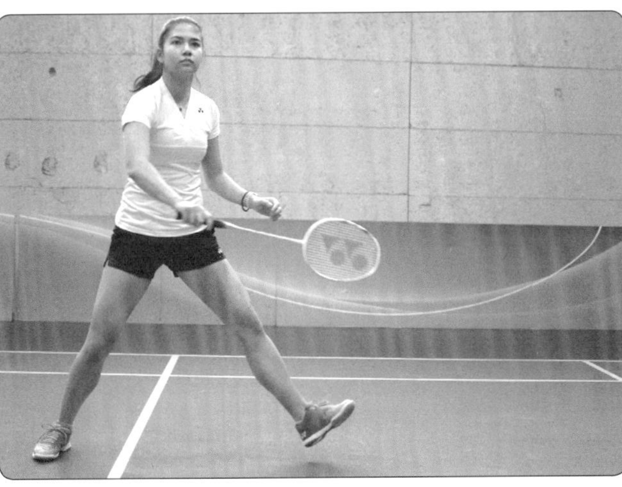

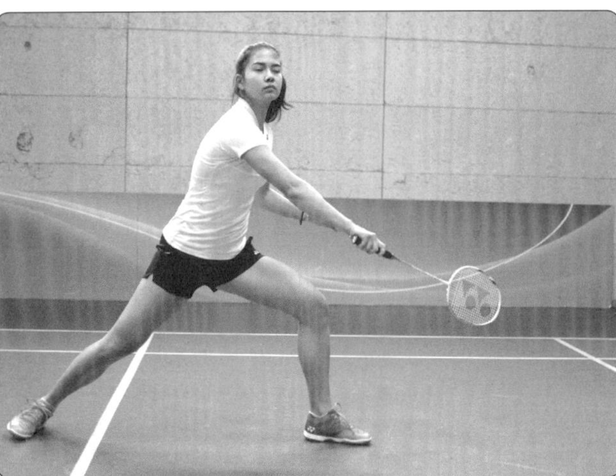

*Smash*abwehr (Rückhand)

4.12 Smashabwehr (Vorhand)

Die *Smash*abwehr mit der Vorhand ist ähnlich einfach wie die Rückhand, wenn man die wesentlichen Punkte der Rückhandabwehr berücksichtigt.

Wichtig ist hierbei: keine Hektik, ruhig den Fuß nach außen setzen, den Schlägerkopf in die Flugbahn bringen und dann mit festem Handgelenk den Ball ganz leicht über das Netz drücken.

Die **Schlägerhaltung** bei der *Smash*abwehr mit der Vorhand ist individuell zwischen 12 und 11 Uhr: 12 Uhr bei einem Treffpunkt neben dem Körper und 11 Uhr bei einem Treffpunkt leicht vor dem Körper.

Geeignete Übungen:
6.3.1–6.3.4, 7.4–8.2, 8.4, 9.5

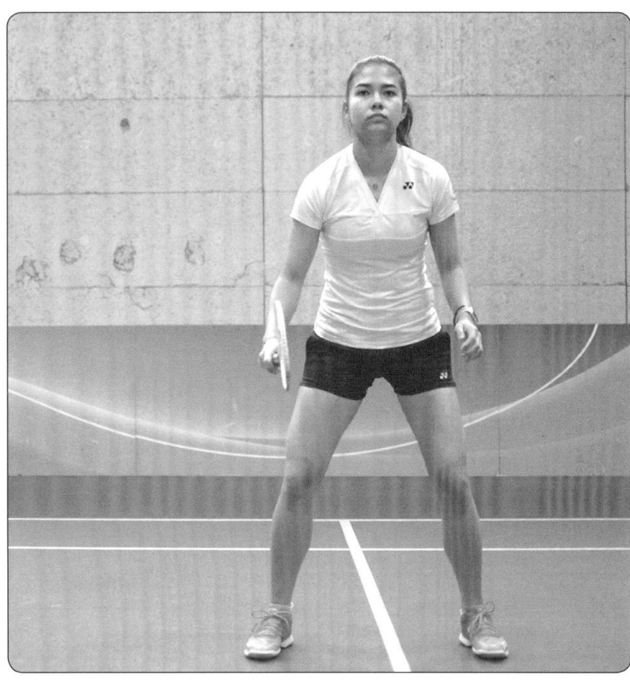

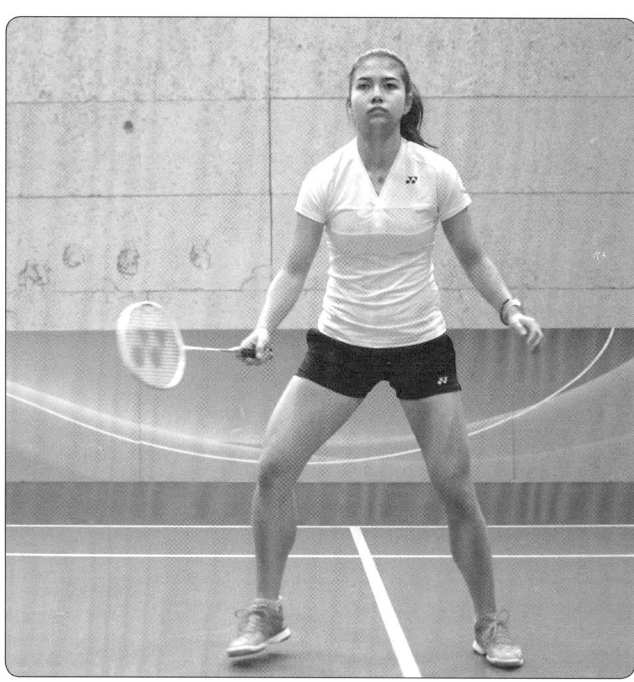

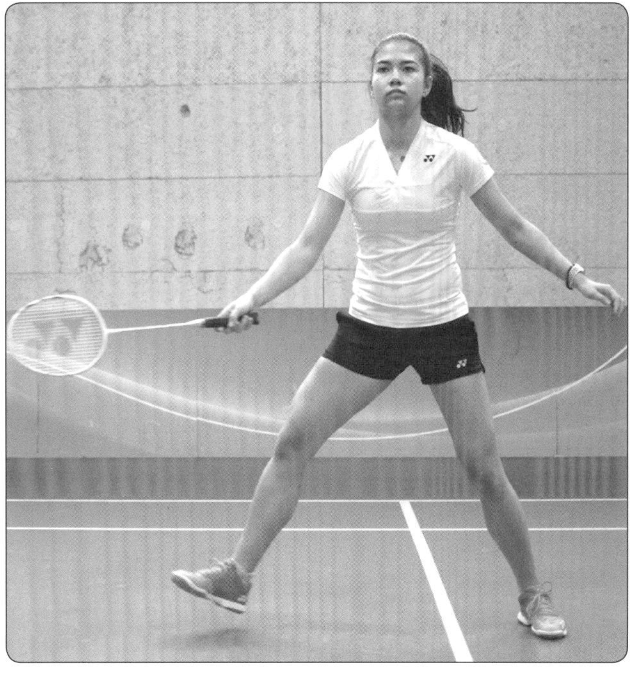

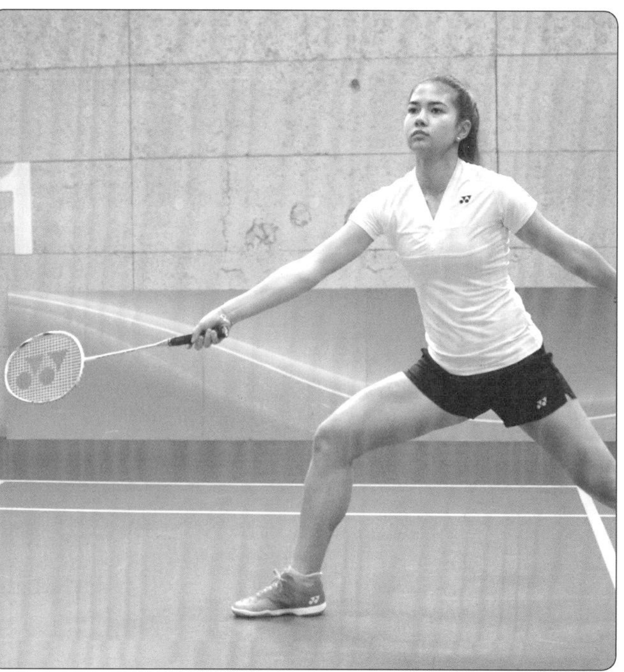

*Smash*abwehr (Vorhand)

5. Technikbeschreibung: Lauftechnik

5.1 Ausfallschritt zum Netz (Vor- und Rückhand)

Die Lauftechnik zum Netz ist sehr wichtig, da man – wenn man den Ball früh und hoch am Netz erreicht – den Gegner sehr **unter Druck** setzen kann. Andererseits kann ein Spieler, der einen Ball am Netz erst sehr spät und tief erreicht und diesen Schlag nicht mittels korrekter Lauftechnik nachbereitet, in große Schwierigkeiten geraten, da er das gesamte Mittel- und Hinterfeld für den Gegner öffnet. Wichtig bei der Lauftechnik zum Netz ist also nicht nur, dass man **sehr früh am Ball** ist, sondern auch, dass man den **Schlag** so **nachbereiten** kann, dass man wieder sehr schnell in Balance steht, um auch folgende Schläge des Gegners frühzeitig zu erlaufen.

Höchste Aufmerksamkeit gilt dem **letzten Schritt**. Dieser sollte (muss!) mit dem Schlägerfuß (bei Rechtshändern rechts, bei Linkshändern links) ausgeführt werden. Rechtshänder gehen am Netz also immer mit dem rechten Fuß nach vorne, so ist auch die rechte Schulter vorne und die Reichweite zum Ball vergrößert.

Da der Schläger und der Ball sehr leicht sind und die Schläge vom Netz nicht viel Kraft benötigen, ist eine **stabile Körperhaltung** sehr wichtig. Eine Körperrotation wie beim *Clear* und beim *Smash* aus dem Hinterfeld ist nicht notwendig.

Zu beachten beim Ausfallschritt am Netz ist die **Beinachse**. So sollten Hüfte, Knie, Fußgelenk und -spitze auf einer Linie sein. Das Knie darf niemals über die Fußspitze nach vorne hinaustragen, dann hätte der Spieler nicht genug Kraft, um sich nach hinten abzudrücken.

Geeignete Übungen:
6.2.2, 6.2.5, 6.2.9, 6.2.11, 6.2.12, 6.3.1–6.3.3, 7.1–8.4, 9.2, 9.6

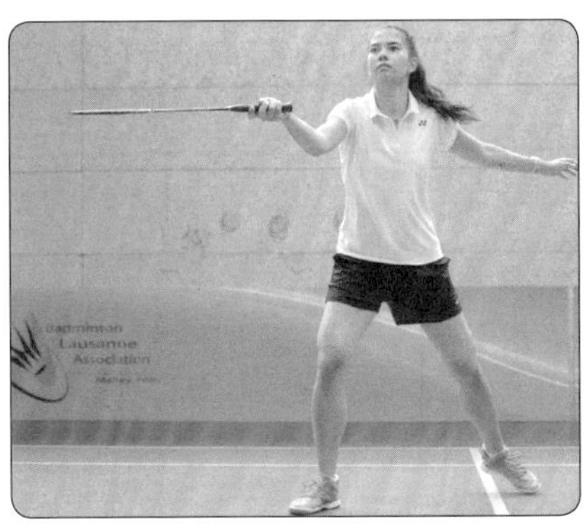

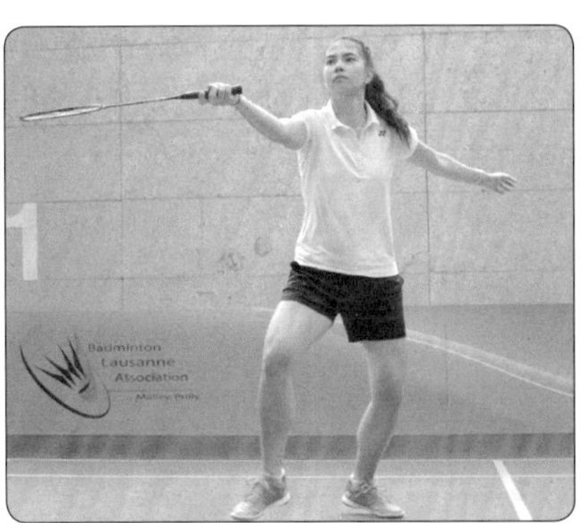

Ausfallschritt zum Netz (Vorhandseite)

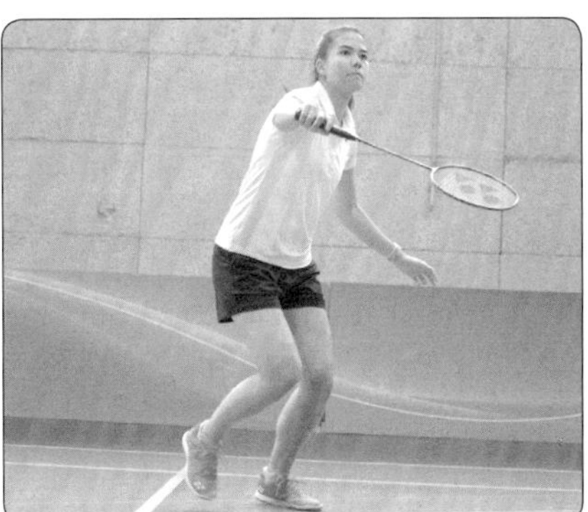

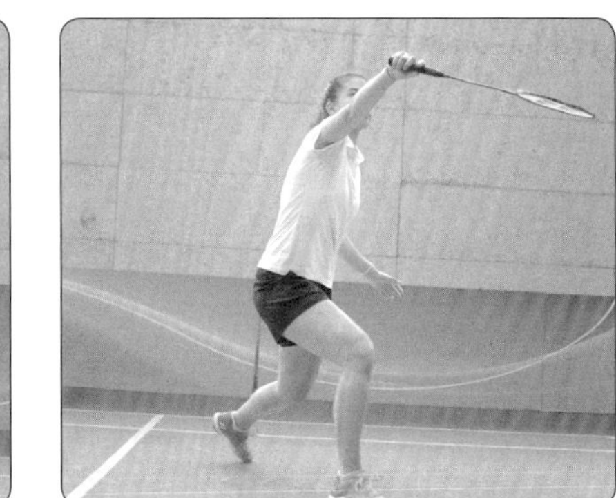

Ausfallschritt zum Netz (Rückhandseite)

5.2 Ausfallschritt zur Abwehr (Vor- und Rückhand)

Der Ausfallschritt zur Abwehr muss automatisiert und sehr schnell erfolgen, da man durch die Härte des *Smash* wenig Zeit hat. Er muss den Körper stabilisieren, bevor der Ball getroffen wird.

Auf der **Vorhandseite** wird der Ausfallschritt mit dem Schlägerfuß (rechter Fuß bei Rechtshändern, linker Fuß bei Linkshändern) gemacht. Hierbei zeigt die Fußspitze leicht nach außen, und der Fuß wird mit der Ferse zuerst aufgesetzt. Auf der **Rückhandseite** gibt es **2 Möglichkeiten,** diese Situation lauftechnisch zu lösen:

- Wird der *Smash* eng am Körper erwartet, so macht man den Ausfallschritt mit dem äußeren Bein (bei Rechtshändern das linke Bein, bei Linkshändern das rechte Bein). Der Ausfallschritt muss nur klein sein. Er soll den Körper **stabilisieren**. Es ist wichtig, nach dem Schlag mit dem Oberkörper wieder parallel zum Netz zu stehen. Würde man als Rechtshänder mit dem rechten Bein auf die linke Seite zur Abwehr übersteigen, so ist der Körper unruhig und es ist weitaus schwieriger, den Schlag nachzubereiten und wieder in Balance zu stehen.
- Wird der *Smash* weiter entfernt vom Körper nahe der Außenlinie erwartet, so reicht der kleine Ausfallschritt mit dem äußeren Bein nicht aus, um den Ball zu erreichen. Man muss mit dem rechten Bein auf die linke Seite übersteigen. Die Nachteile dieser Lauftechnik wurden oben bereits beschrieben, sind aber in Kauf zu nehmen, um überhaupt noch an den Ball zu gelangen.

Auf der Rückhandseite müssen folglich zwei Lauftechniken zur Abwehr erlernt und trainiert werden.

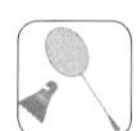

Geeignete Übungen:
6.3.1–6.3.3, 7.3–8.2, 8.4, 9.5, 9.6

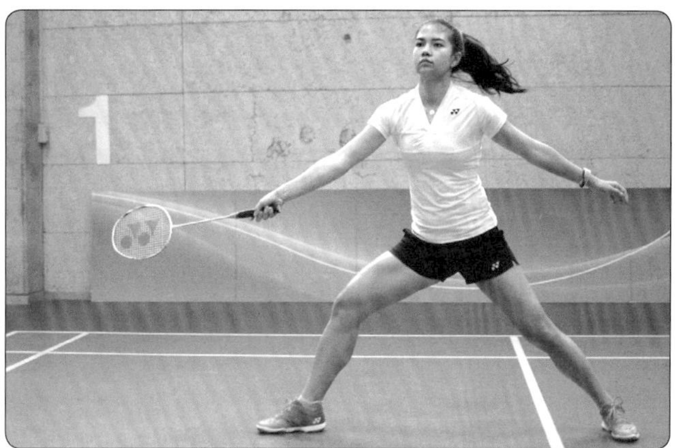

Ausfallschritt zur Abwehr (Vorhand)

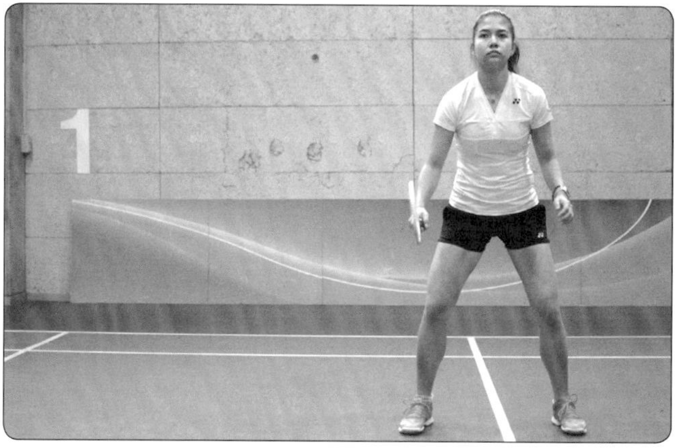

Grundstellung

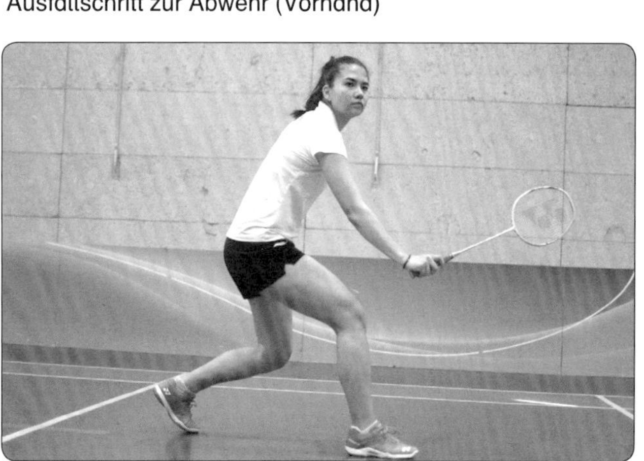

Ausfallschritt zur Abwehr (Rückhand)

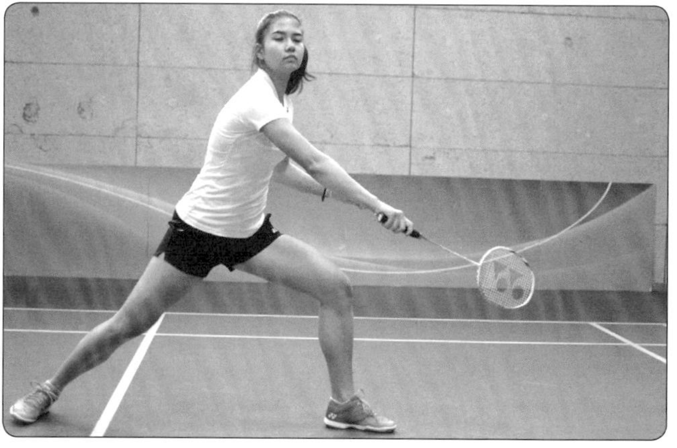

Ausfallschritt zur Abwehr (Rückhand) – Alternative

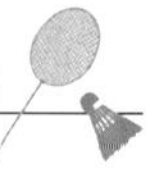

5.3 Stemmschritt an der Grundlinie/Hinterfeld

Der Stemmschritt an der Grundlinie im Hinterfeld ist das wichtigste Mittel, um Bälle aus dem Hinterfeld zu schlagen und sofort wieder in Richtung der Spielfeldmitte zu laufen.

Kurz vor dem Schlag dreht man den gesamten Körper seitlich (wie beim Schlagballweitwurf), der rechte Fuß steht hinten, die Fußspitze ist leicht nach außen gedreht, die rechte Hüfte und die rechte Schulter und somit auch der Schlagarm sind ebenfalls hinten. **Beim Schlag** nutzt man die Energie des hinteren Beines und drückt zunächst die Hüfte und dann den Oberkörper nach vorne.

Der Stemmschritt hat den **Vorteil**, dass der gesamte Körper sehr stabil steht, was der Präzision des Schlages zugutekommt. Außerdem ist er sehr leicht zu erlernen. Der **Nachteil** liegt darin, dass man ihn nur nutzen kann, wenn man genügend Zeit hat. Unter großer Zeitnot, wenn man z. B. einem Ball nach hinten hinterherläuft, ist es nicht möglich, sich vor dem Schlag noch stabil hinzustellen.

Geeignete Übungen:
6.2.1–6.2.6, 6.2.12–6.3.4, 7.1–7.4, 8.3, 8.4, 9.4

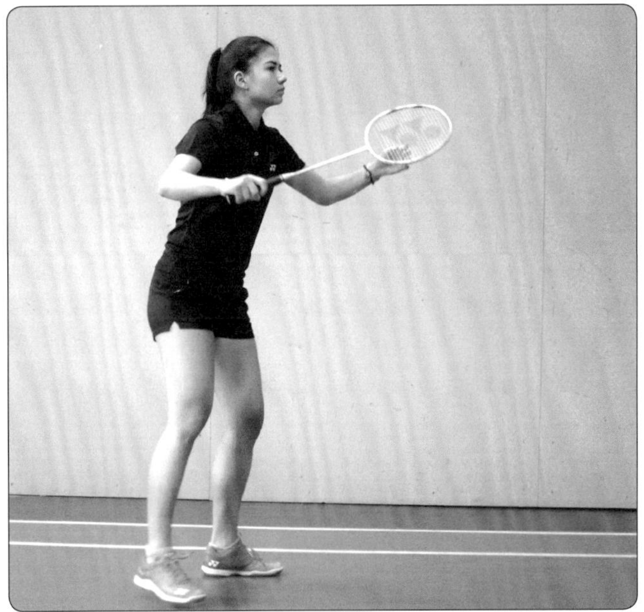

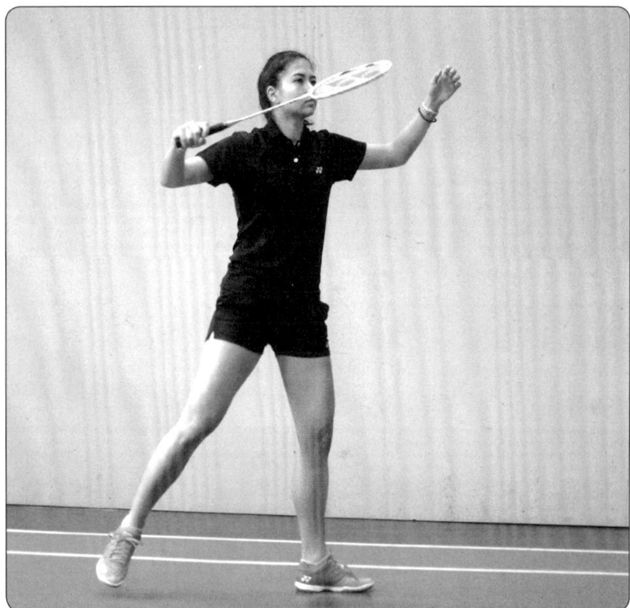

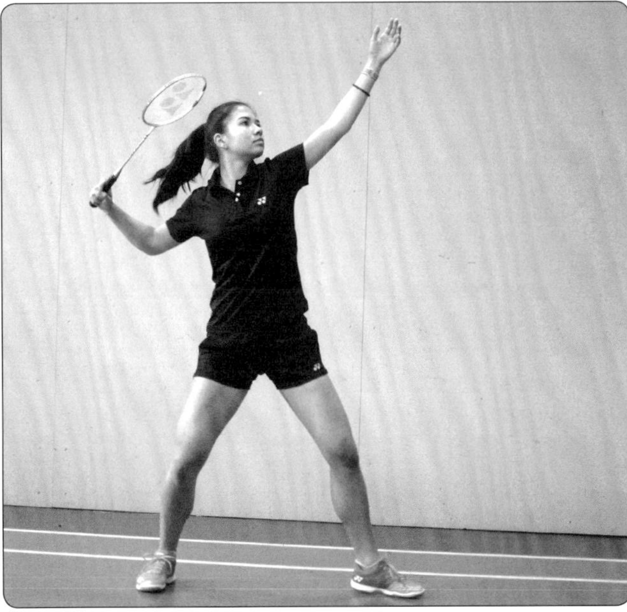

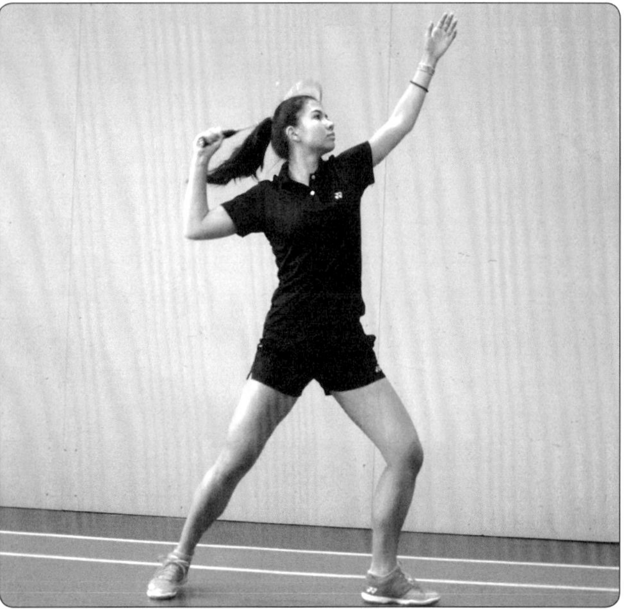

Stemmschritt an der Grundlinie

5.4 Umsprung an der Grundlinie/Hinterfeld

Der Umschwung an der Grundlinie ist die wichtigste Lauftechnik, die man einsetzen muss, um unter Druck Bälle im Hinterfeld zu erreichen. Fliegt der Ball über einen hinweg nach hinten, so hat man selten Zeit, sich vor dem Schlag zu einem Stemmschritt hinzustellen, man muss **aus der Bewegung heraus schlagen**.

Der Umsprung ist nichts anderes als ein aus dem flüchtigen Stemmschritt heraus abgedrückter **Drehsprung**. Wie beim Stemmschritt setzt das rechte Bein hinten zuerst auf und drückt sofort Hüfte und Oberkörper nach vorne. Während des Drehsprungs wird der Schlag ausgeführt, wenn die Schlagarmschulter von hinten eine Position parallel zum Netz erreicht hat. Nach dem Schlag rotiert der gesamte Körper weiter und man landet auf dem linken Bein. Da der gesamte Körper durch das schnelle Nach-hinten-Laufen einen starken Impuls rückwärts erhalten hat, ist die Landung beim Umsprung häufig hinter dem Absprungpunkt.

Geeignete Übungen:
6.2.1–6.2.6, 6.3.1–6.3.3, 7.4–8.4

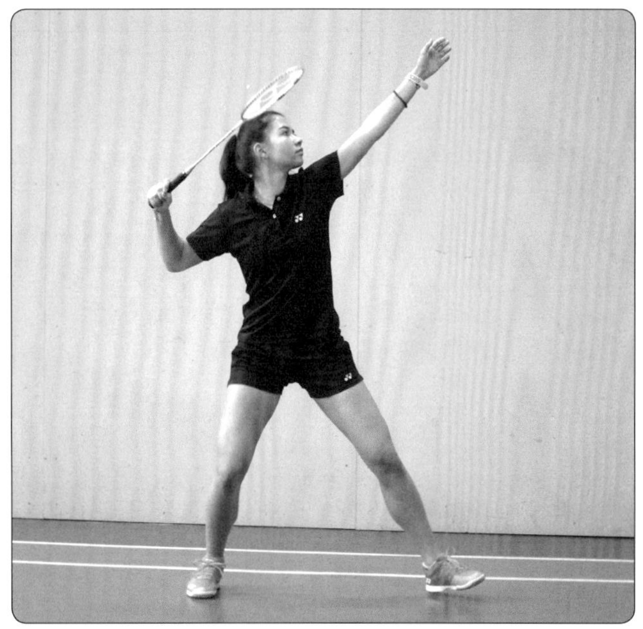

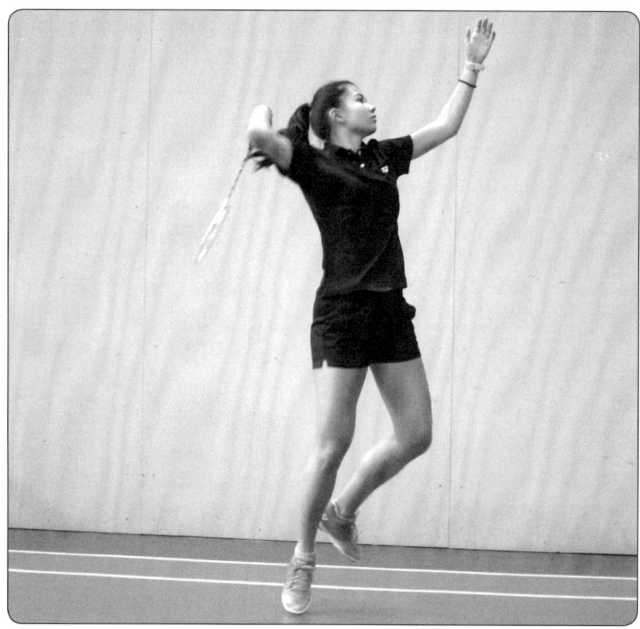

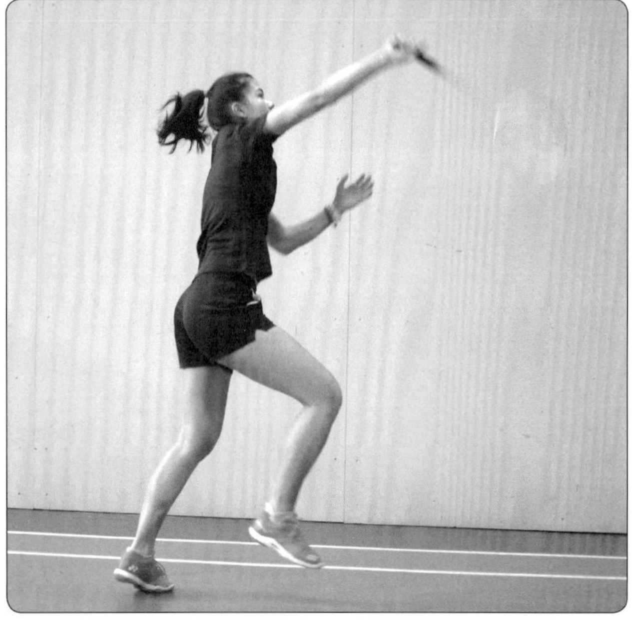

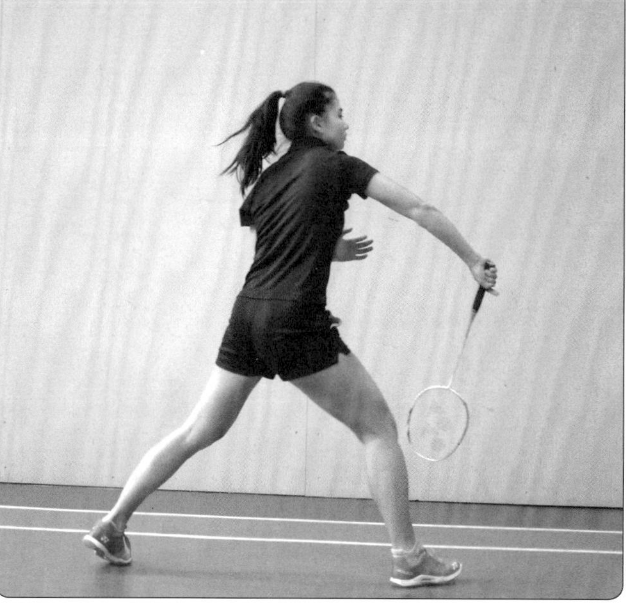

Umsprung im Hinterfeld

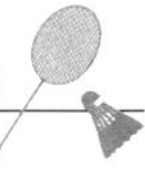

5.5 Laufen im Feld: vorwärts/rückwärts

Die Entfernungen, welche im Badmintonfeld zurückgelegt werden, sind vom Start bis zum Umkehrpunkt (Schlag) nicht sehr groß. Viele Laufbewegungen (vor allem Richtung Netz) können mit einem Nachstellschritt und einem Ausfallschritt bewältigt werden. Bewegungen zur Seite (Abwehr) erfordern meist nur einen Ausfallschritt. Bewegungen aus dem Hinter- ins Vorderfeld werden mit ganz normalen Laufschritten, die in einem Ausfallschritt am Netz enden, durchgeführt.

Lediglich **lange Distanzen** aus dem Vorder- ins Hinterfeld sind schwieriger zu überbrücken. Der Mensch läuft besser vorwärts als rückwärts. Um schnell und effizient rückwärts im Feld zu laufen, ist es sinnvoll, sofort, nachdem man erkannt hat, wo man im Hinterfeld den Ball schlagen muss, die Schlagarmschulter und die Hüfte zurückzunehmen und die Distanz mit ein bis drei schnellen Nachstellschritten zu überbrücken.

Nachstellschritte sind die schnellste und effizienteste Art, über eine derart kurze Distanz rückwärts zu laufen und gleichzeitig für den Schlag bereit zu sein, da Schlagarmschulter und Hüfte schon in der richtigen Position sind.

Geeignete Übungen:
6.2.3–6.2.5, 6.3.1–6.3.3, 7.3–8.1, 8.4, 9.6

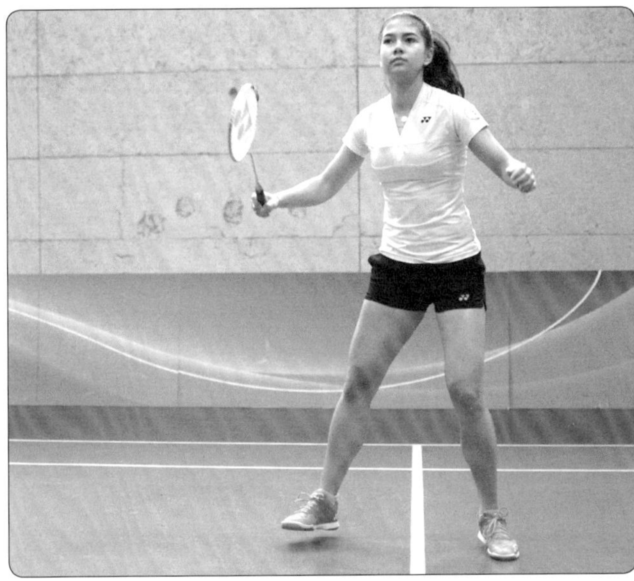

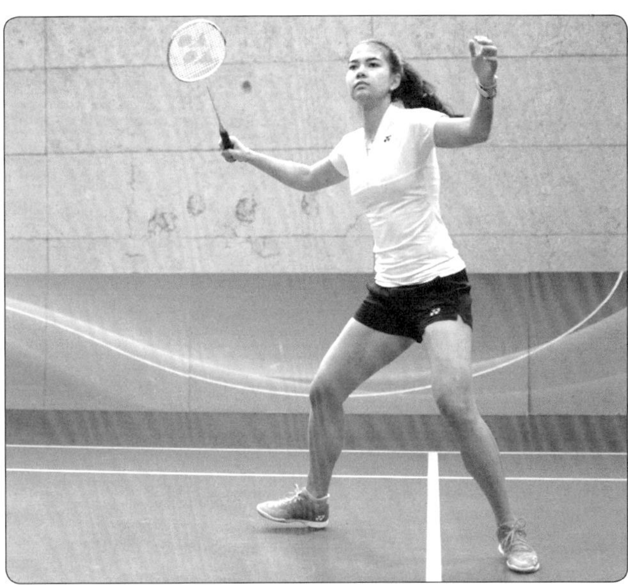

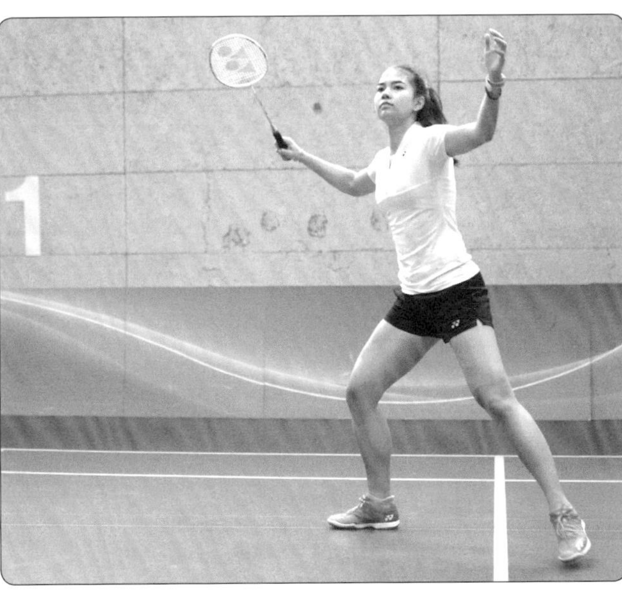

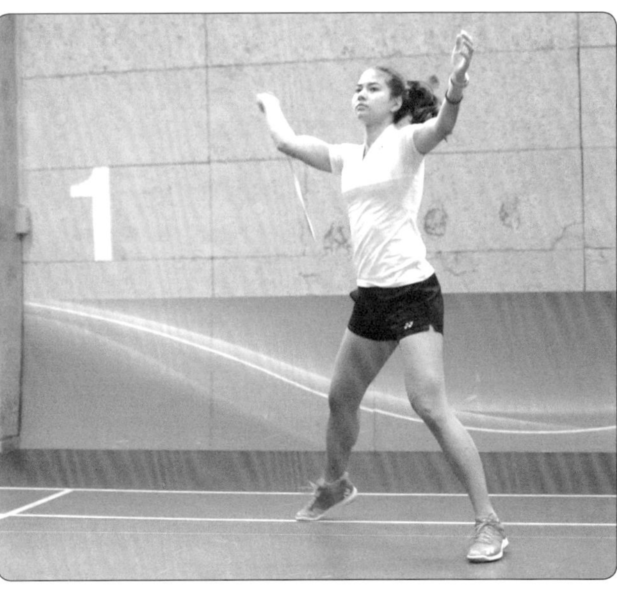

6. Beispiele für Übungen und kleine Wettkämpfe

6.1 Badmintonspezifisches Aufwärmprogramm

Natürlich kann man zu Beginn einer Badmintonstunde die Schüler genauso aufwärmen, wie es für viele andere Schulstunden sinnvoll ist. Die meisten Lehrer haben wahrscheinlich einen großen Fundus an Dehnübungen und kleinen Spielen zum Stundenbeginn. Ich möchte hier Übungen vorstellen, die speziell für den Badmintonsport sehr gut geeignet sind.

Schauen wir uns die Sportart Badminton an, so stellen wir fest, dass die Spieler besonders viele Ausfallschritte, teilweise auch große, tiefe Ausfallschritte machen. Hier sind also eine Dehnung der hinteren **Beinmuskulatur** (Isciocurale M.) und gleichzeitig eine Kräftigung der allgemeinen Beinmuskulatur notwendig.

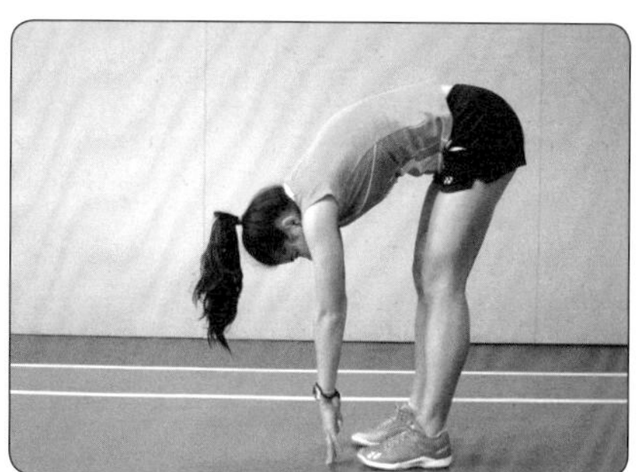

Der Badmintonspieler muss von der Spielfeldmitte aus in alle 4 Ecken des Feldes laufen und dabei sehr häufig die Richtung wechseln. Dazu ist es wichtig, dass er schnelle Drehbewegungen im **Hüftbereich** ausführen kann.

Für die schnelle Richtungsänderung sowie das schnelle Starten und Stoppen in der Spielfeldmitte und in den Umkehrpunkten (den Spielfeldecken) ist eine stabilisierende **Rumpfmuskulatur** notwendig.

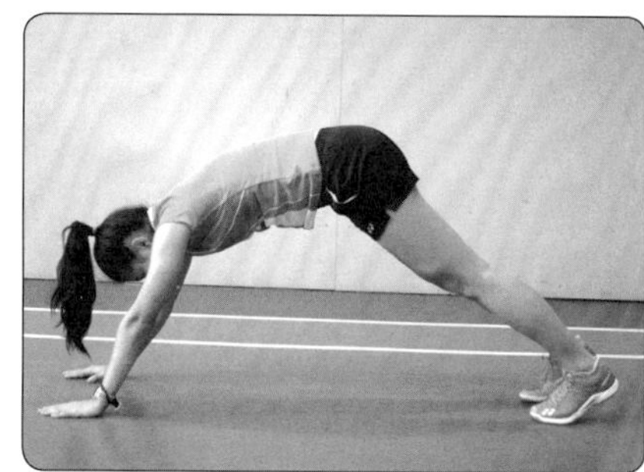

Die folgenden fünf Übungen verbinden jeweils einen dehnenden und einen kräftigenden Anteil der Rumpfmuskulatur, der Beinmuskulatur und der oberen Schultermuskulatur. Gleichzeitig wird die Hüftbeweglichkeit trainiert. Da die einzelnen Übungen relativ langsam durchgeführt werden, dauert das gesamte Programm, wenn man es mit drei Sätzen zu zehn Wiederholungen durchführt, für eine Schulstunde zu lang. Führt man mit jeder der 5 Übungen nur einen Satz durch, so benötigt das Programm ca. 10 Minuten. Sie können die Übungen frei kombinieren und die Belastung selbst steuern.

 **Übung: Handwalk**

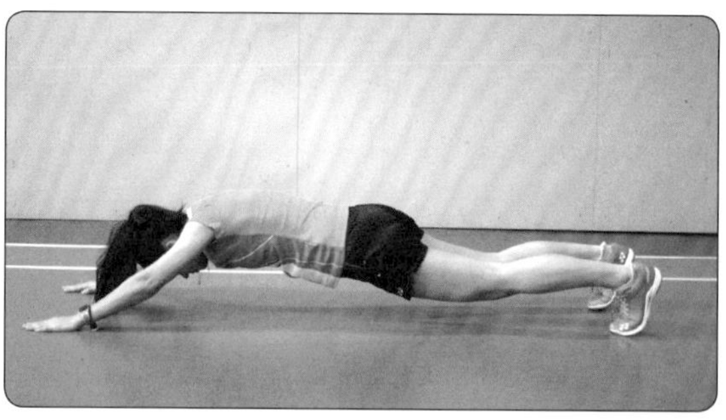

Ziele:
- Kräftigung und Dehnung der hinteren Beinmuskulatur
- Kräftigung der Schultermuskulatur
- Stabilisierung der Rumpfmuskulatur

Ablauf:
- Beim *Handwalk* stellt man sich mit gestreckten Beinen aufrecht hin und versucht, mit den Händen so nahe wie möglich vor den Füßen den Boden zu berühren.
- Man läuft mit den Händen langsam nach vorne, bis sich der gesamte Körper gestreckt in einem Liegestütz befindet.
- Anschließend laufen die Füße langsam mit kleinen Schritten und durchgestreckten Beinen nach vorne, so nahe wie möglich an die Hände heran.
- Hiernach laufen die Hände wieder nach vorne, dann die Füße usw.
- Zum Aufwärmen reichen 3 Sätze zu 6–10 Wiederholungen.

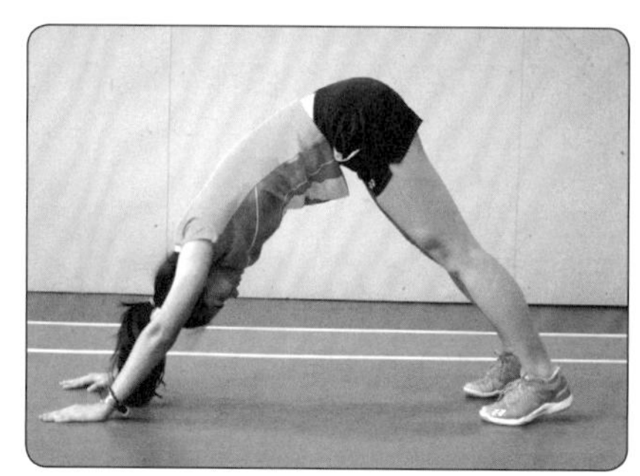

Handwalk

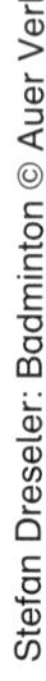

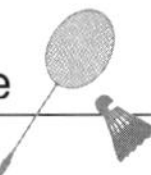

Übung: Tiefe Ausfallschritte

Ziele:
- Kräftigung der Bein-, Fuß- und Rumpfmuskulatur
- Dehnung der unteren Rücken- sowie der hinteren Beinmuskulatur
- Balancierende Übung

Ablauf:
- Es wird mit einem Bein ein großer tiefer Ausfallschritt gemacht, so groß, dass die Kniespitze nicht über die Fußspitze nach vorne ragt und dass der Oberschenkel parallel zum Boden zeigt.
- Steht man sicher im Ausfallschritt, so wird der Ellbogen vom Gegenarm bis auf den Boden herabgeführt und anschließend mit einer halben Drehung des Oberkörpers senkrecht nach oben gestreckt. Dann geht man wieder in die Ausgangslage. Kein Fuß darf den Boden verlassen, der Körper muss immer ausbalanciert werden.
- Jetzt wird der hintere Fuß nach vorne geführt, wobei das Knie bei der Körperstreckung angehoben ist, und wieder wird ein sehr großer, tiefer Ausfallschritt gemacht.
- Danach geht der andere Arm mit dem Ellbogen zum Boden und dann mit einer halben Körperdrehung senkrecht nach oben.
- Als Belastung empfehle ich 1–3 Sätze zu 6, 8, 10 Wiederholungen.

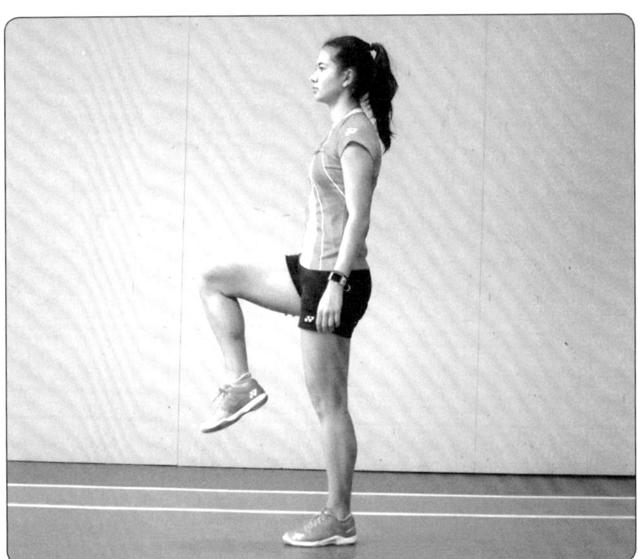

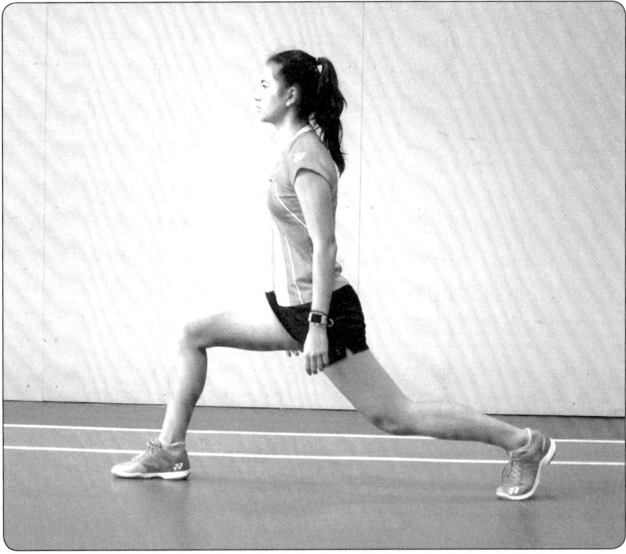

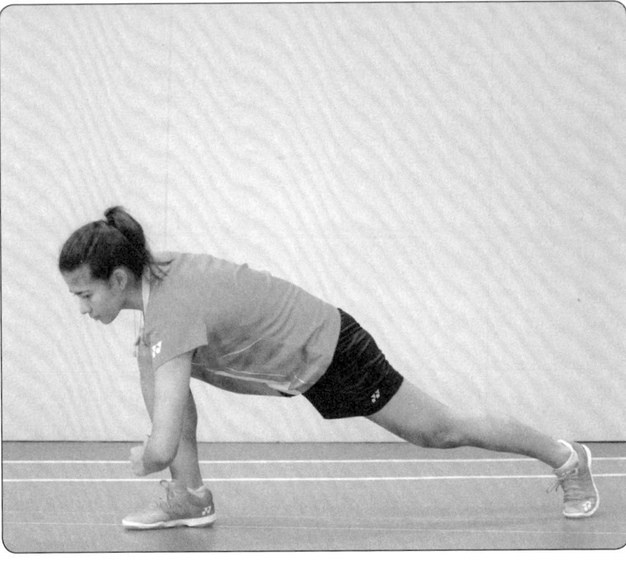

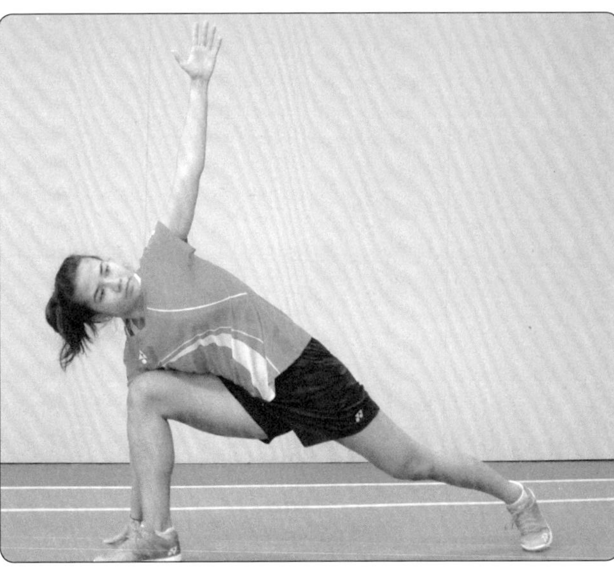

Tiefe Ausfallschritte

Übung: Burpee mit Ausfallschritten

Ziele:
- Kräftigung der Rumpf- und Schultermuskulatur
- Dehnung der ischiocruralen Muskulatur
- Koordination und Aktivierung

Ablauf:
- Position 1: Liegestütz mit gestreckten Armen
- Position 2: großer Ausfallschritt im Liegestütz, linker Fuß auf Höhe der rechten Hand (weit außen), Füße und Hand ergeben fast ein gleichseitiges Dreieck, gerader Rücken
- Position 3: Ausfallschritt im Liegestütz, linker Fuß auf Höhe der rechten Hand, linken Arm nach oben strecken, Körperspannung
- Position 4 + 5: wie 2+3 zur anderen Seite, mit rechtem Fuß und linker Hand
- Position 6: Hocke, Hände auf dem Boden
- Position 7: Strecksprung
- Belastung: Diese Übung ist zügig, aber bewusst auszuführen; 1–3 Sätze zu 5 Burpees
- Variationen: 1–2–3–1–4–5–1–6–7 (leicht), 1–2–3–4–5–6–7 (mittel), 1–3–5–6–7 (schwer)

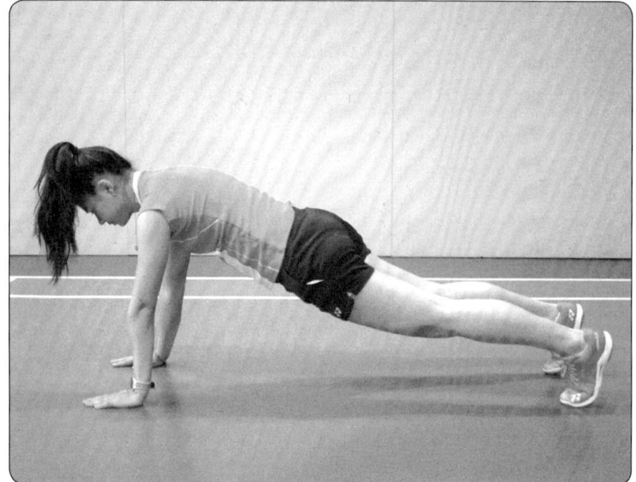

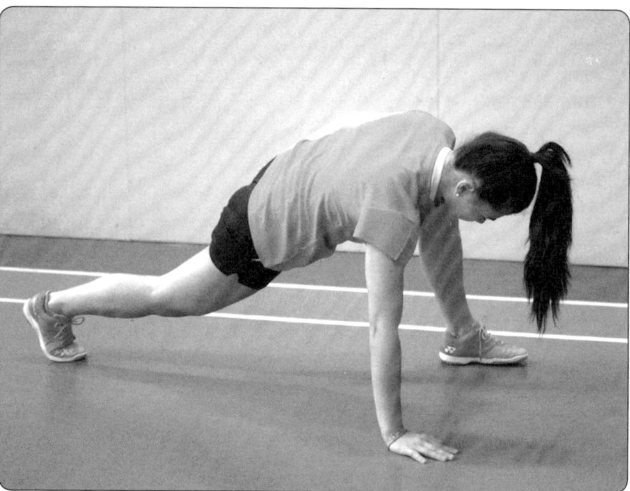

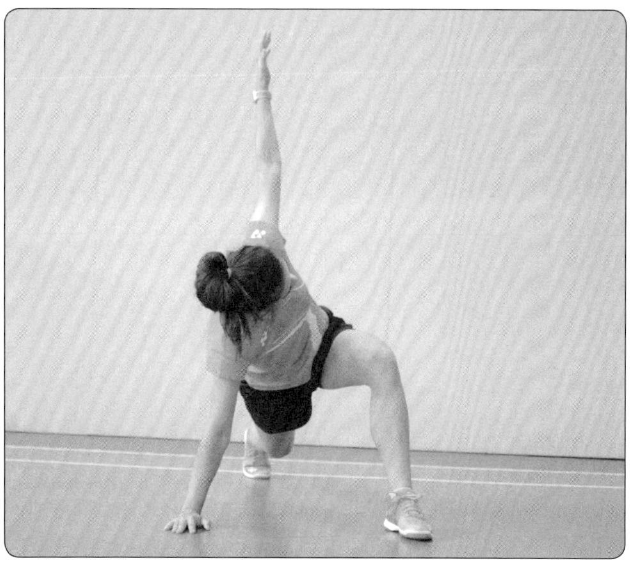

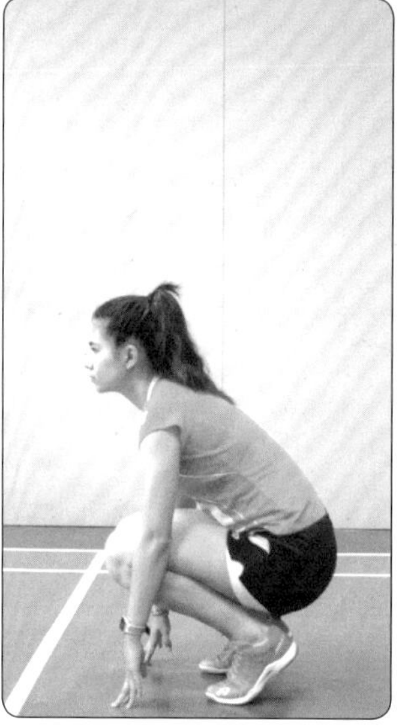

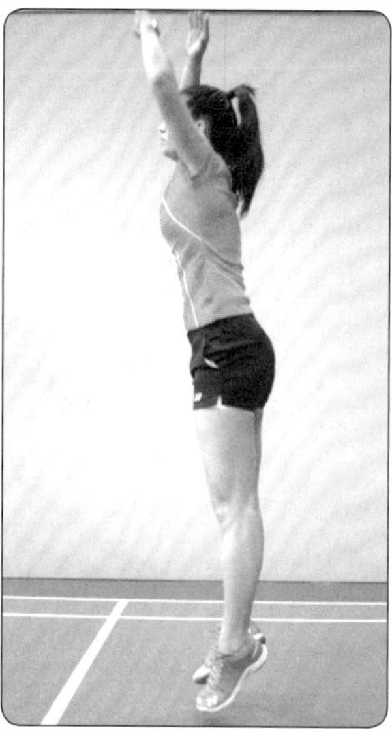

Übung: Skorpion vorwärts

Ziel:
- Dehnung der unteren Hüfte und der hinteren Oberschenkelmuskulatur

Ablauf:
- Der Schüler liegt in der Bauchlage, die Beine sind gestreckt und die Arme 90° zur Seite gewinkelt.
- Das rechte Bein wird jetzt zur linken Hand geführt, dabei darf das Bein angewinkelt werden. Die Arme und Schultern sollten möglichst auf den Boden gepresst bleiben.
- Jetzt wird das linke Bein zur rechten Hand geführt, Schultern und Arme bleiben ebenfalls auf dem Boden.
- Der Vorgang wiederholt sich abwechselnd, zügig, aber nicht schnell.
- Als Belastung empfehle ich 1–3 Sätze zu 20–30 Wiederholungen.

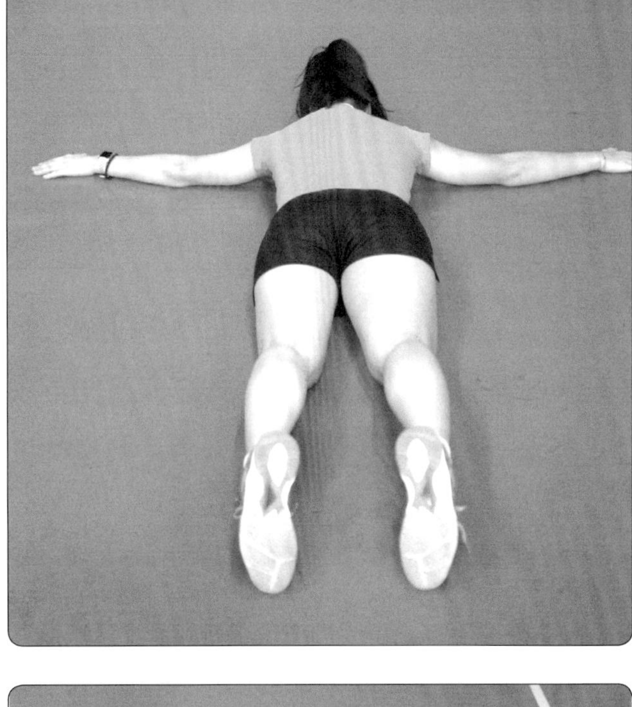

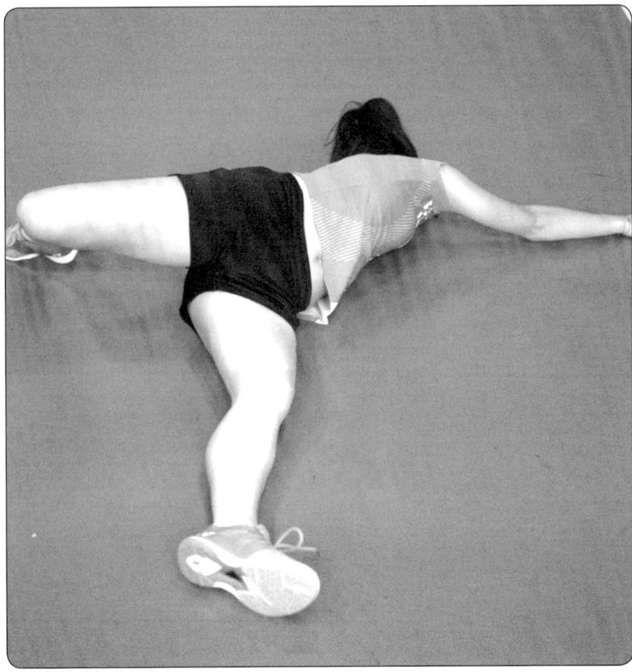

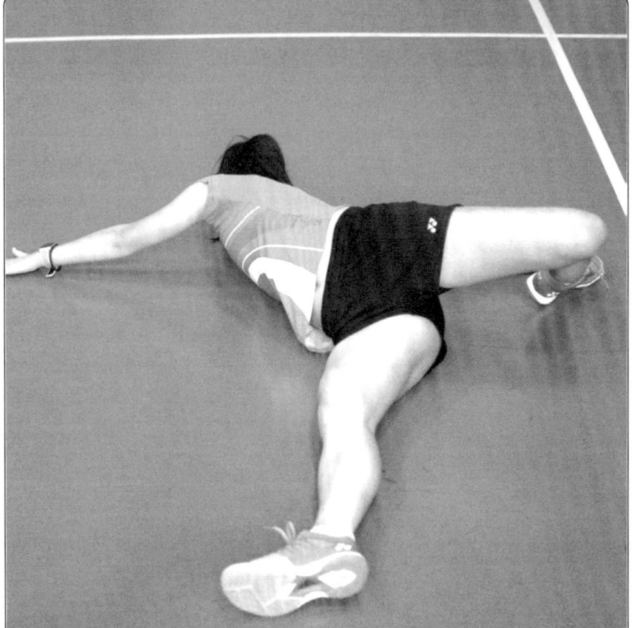

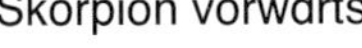
Skorpion vorwärts

Übung: Skorpion rückwärts

Ziel:

- Dehnung der unteren Hüfte und der hinteren Oberschenkelmuskulatur
- (Die Übungsoption rückwärts ist sehr ähnlich, man liegt nur auf dem Rücken.)

Ablauf:

- Der Schüler liegt auf dem Rücken, die Beine sind gestreckt und die Arme 90° nach außen gewinkelt.
- Der rechte Fuß geht jetzt zur linken Hand, wobei das Bein gestreckt bleibt. Die Schultern bleiben auf dem Boden liegen.
- Danach geht der linke Fuß zur rechten Hand, Schultern und Arme bleiben ebenfalls auf dem Boden.
- Der Vorgang wiederholt sich abwechselnd, zügig, aber nicht schnell.
- Als Belastung empfehle ich 1–3 Sätze zu 20–30 Wiederholungen.

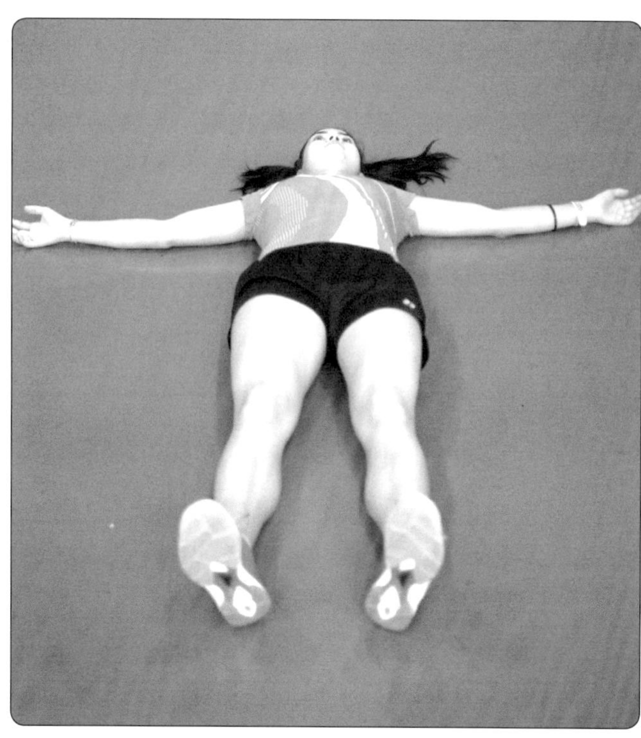

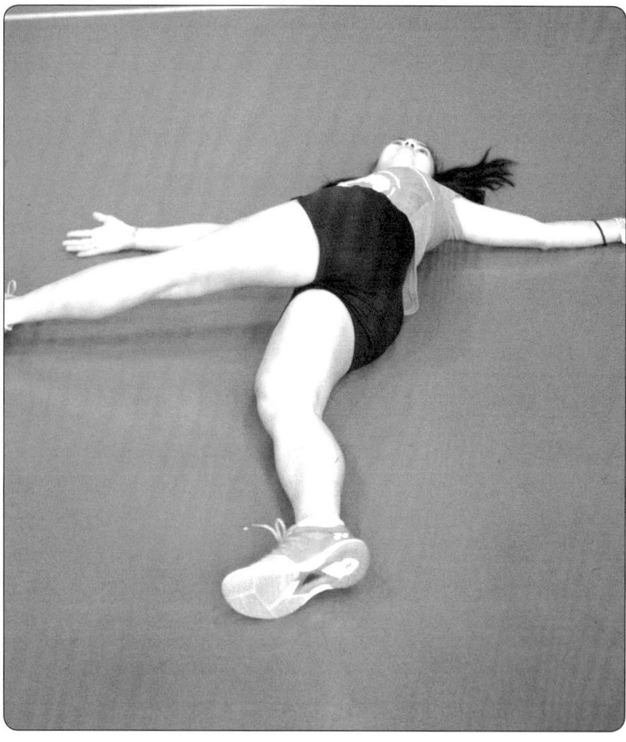

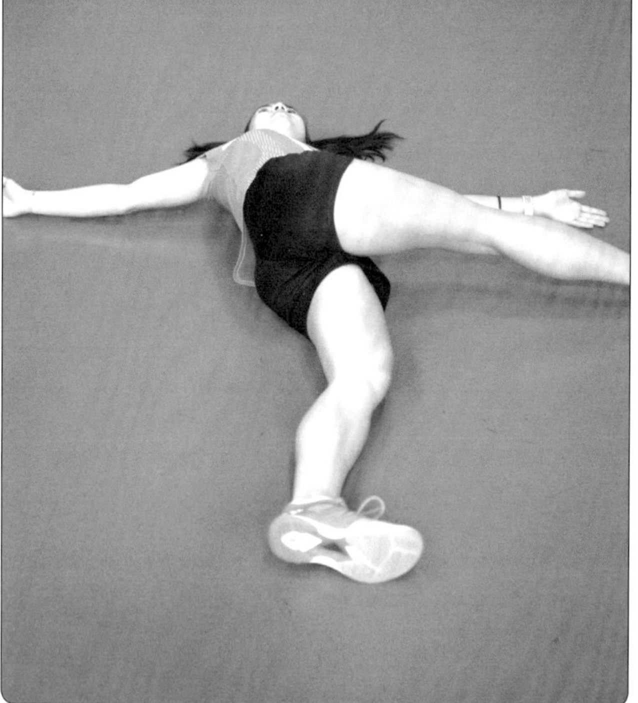

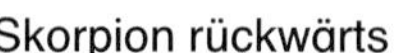

Skorpion rückwärts

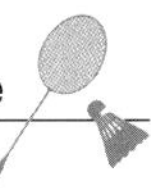

6.2 Aufwärmspiele mit Schläger und Ball

6.2.1 Clear mit zwei Bällen und Seitenwechsel

Ablauf:
Vier Schüler spielen auf einem Feld, jeder hat einen Ball. Die Aufgabe besteht darin, mit zwei Bällen *Clear* zu spielen, sodass die Bälle möglichst synchron fliegen. Wenn das funktioniert, soll nach jedem Schlag die Spielfeldhälfte gewechselt und der Ball, der auf diese Spielfeldhälfte geschlagen wird, als *Clear* zurückgespielt werden.

Die Bälle fliegen *longline* und bleiben auf ihrer Spielfeldhälfte. Die Schüler wechseln nach jedem Schlag die Spielfeldhälfte.

Trainierte Techniken:
4.2, 4.3, 4.8, 5.3, 5.4

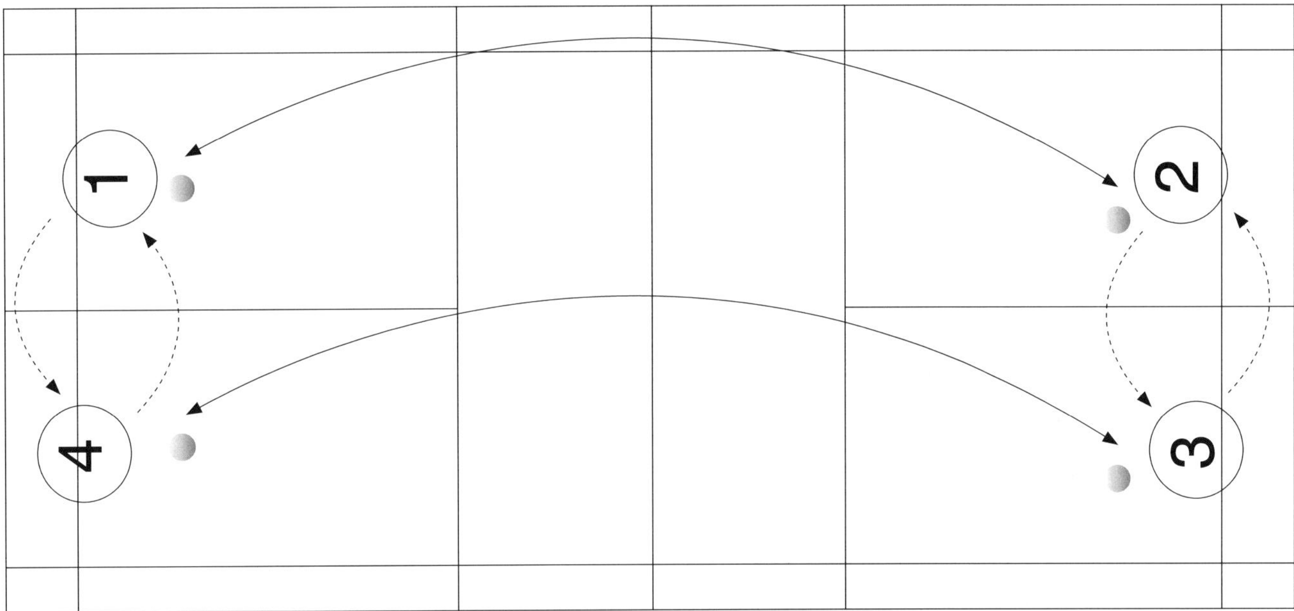

Bälle und Seitenwechsel

6.2.2 Clear-Drop mit zwei Bällen und Seitenwechsel

Ablauf:

Vier Schüler spielen auf einem Feld, jedes Paar hat einen Ball. Die Aufgabe besteht darin, mit zwei Bällen *Clear* vom Netz und *Drop* von der Grundlinie zu spielen, sodass die Bälle möglichst synchron fliegen. Dann soll nach jedem Schlag die Spielfeldhälfte gewechselt werden und der Ball, der auf dieser Spielfeldhälfte geschlagen wird, als *Clear* zurückgespielt werden.

 Die Bälle fliegen *longline* und bleiben auf ihrer Spielfeldhälfte. Die Schüler wechseln nach jedem Schlag die Spielfeldhälfte.

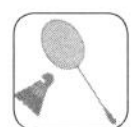 **Trainierte Techniken:**
4.2, 4.3, 4.6, 4.7, 4.9, 5.1, 5.3, 5.4

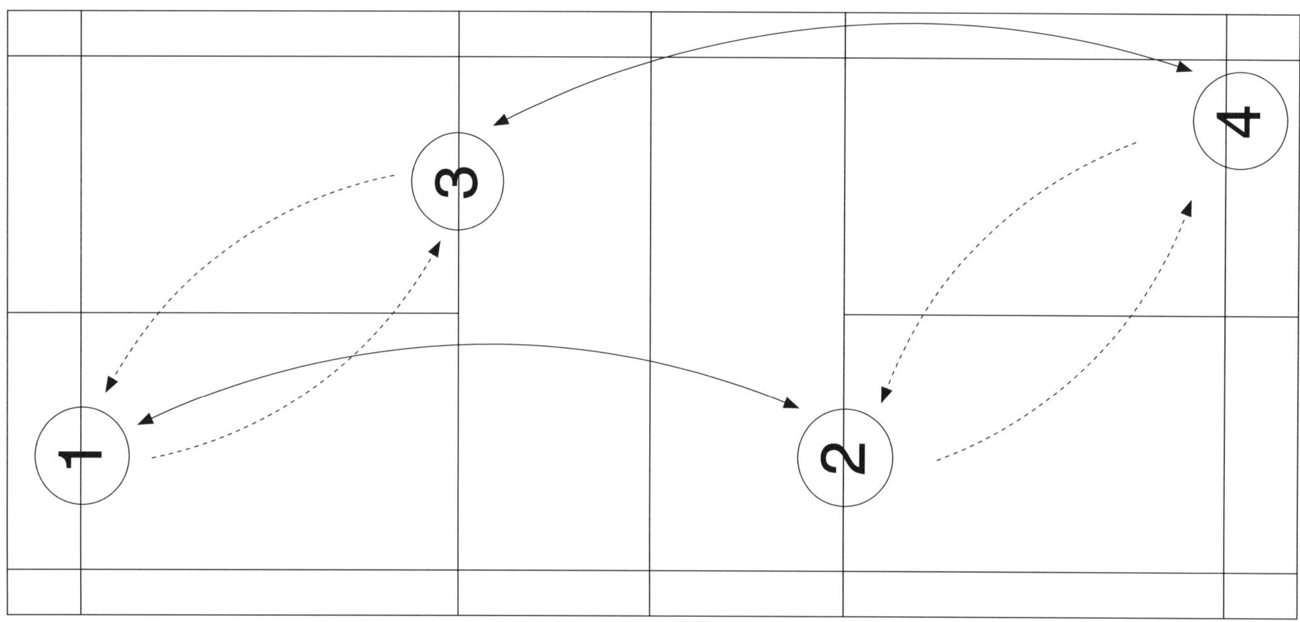

Clear–Drop mit Seitenwechsel

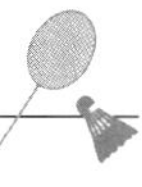

6.2.3 Rundlauf

Ablauf:
Beim Rundlauf können einige Spieler auf einem Feld so beschäftigt werden, dass sie sich viel bewegen müssen. Die Übung kann auch als Wettkampf durchgeführt werden. **Ziel** ist es, einen *Clear* zu schlagen und dann sofort loszulaufen, um sich auf der anderen Feldhälfte wieder anzustellen.

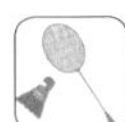

Grundregeln: Hat ein Spieler drei Fehler gemacht, so scheidet er aus. Die Anzahl der Mitspieler verringert sich also stetig und die Übung wird anspruchsvoller. Man muss schneller laufen und sich dann auch sicher in eine richtige Schlagposition bringen. Die letzten beiden Spieler spielen auf dem ganzen Feld drei Punkte aus.

Zusatzregeln:
- Ist man auf der anderen Spielfeldhälfte angekommen, so muss man sich umdrehen und rückwärts laufen.
- Der Ball muss mindestens hinter die vordere Aufschlaglinie geschlagen werden.
- Der Ball muss in ein vorher beschriebenes Feld geschlagen werden, z. B. in das jeweils rechte Einzelfeld, begrenzt von der vorderen und hinteren Aufschlaglinie.

Variante:
Auf der einen Spielfeldseite wird Unterhand *clear* und auf der anderen *drop* gespielt.

Trainierte Techniken:
4.2, 4.3, 4.8, 5.3–5.5

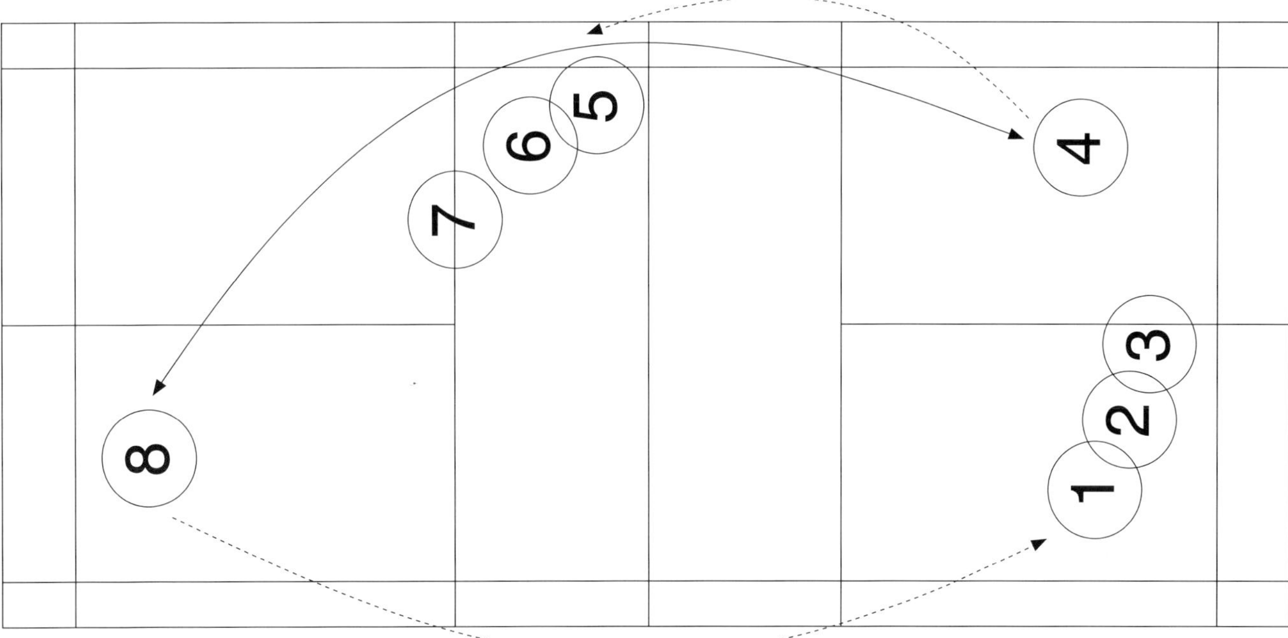

Rundlauf

6.2.4 Rundlauf mit Trainer (Clear)

Ablauf:
Auf einer Spielfeldhälfte steht der Lehrer (T) oder ein Schüler, der sicher zuspielen kann. Er spielt immer *longline clear*. Auf der anderen Spielfeldhälfte stehen die restlichen Spieler (1–5). Schüler (5) spielt einen *Clear* und läuft nach dem Schlag sofort nach vorne um ein Hütchen herum und stellt sich dann wieder in der Reihe an. **Ziel** ist es, dass die Schüler lernen, nach einem Schlag im Hinterfeld sofort eine Laufbewegung in Richtung Spielfeldmitte oder nach vorne einzuleiten.

Zusatzaufgabe:
Ein weiterer Schüler (S) wirft einen Ball am Netz so zu, dass der Schüler, der gerade im Hinterfeld einen *Clear* geschlagen hat, diesen vorne erreichen kann und einen Netz*drop* spielt.

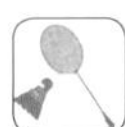

Trainierte Techniken:
4.2, 4.3, 4.8, 5.3–5.5

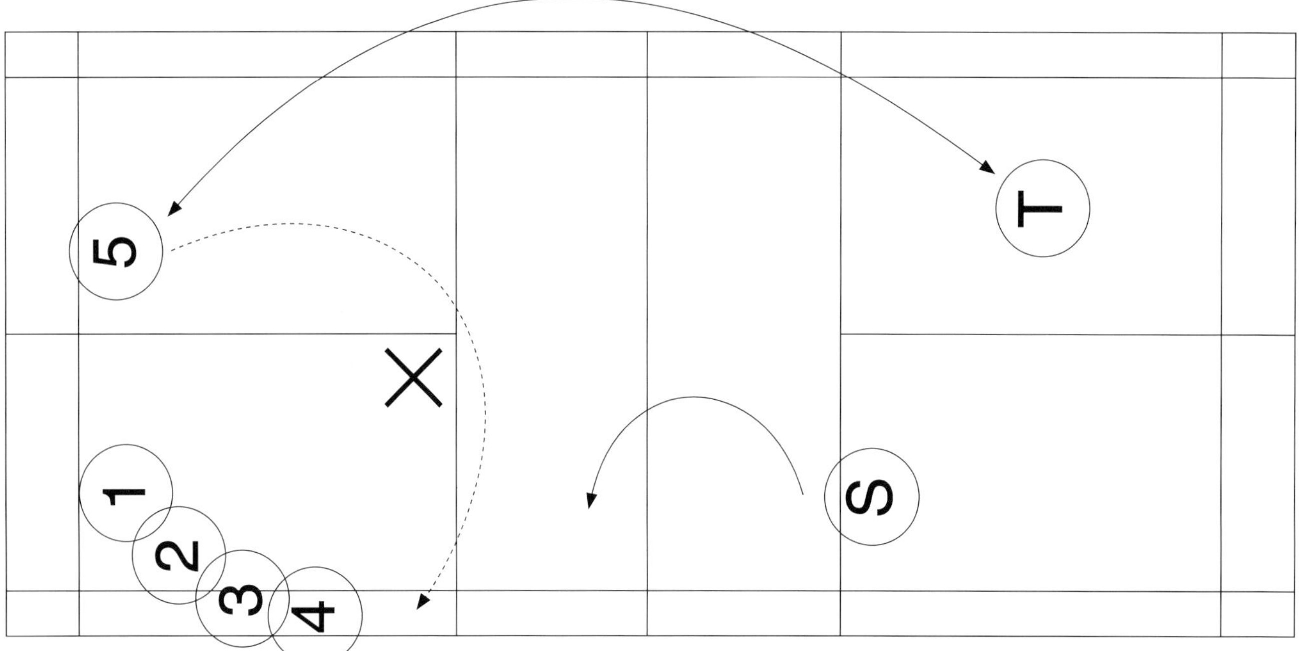

Rundlauf mit Trainer

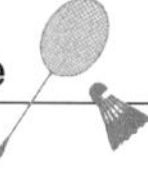

6.2.5 Rundlauf mit Trainer II (clear-drop)

Ablauf:

Der Trainer bzw. Lehrer steht auf einer Feldhälfte und spielt sichere *Drop longline* hinter das Netz. Die Spieler stehen auf der anderen Feldhälfte in einer Reihe. Der Schüler, der an der Reihe ist, spielt einen *Clear longline* an die Grundlinie (zum Lehrer) und läuft dann rückwärts mit Nachstellschritten, bis er ein Hütchen erreicht. Er läuft um dieses Hütchen herum und stellt sich wieder in der Reihe an.

Trainierte Techniken:
4.2, 4.3, 4.6, 4.7, 4.9, 5.1, 5.3–5.5

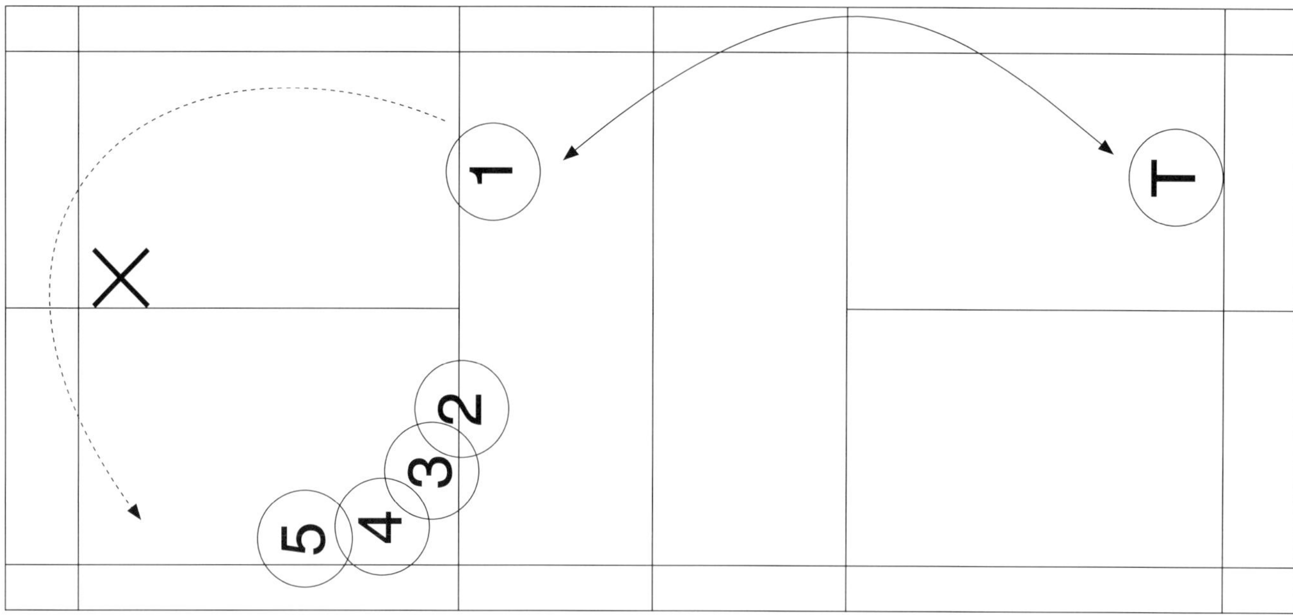

Rundlauf mit Trainer II

6.2.6 *Rundlauf 3 vs. 3 (4 vs. 4)*

Ablauf:
Beim Rundlauf 3 vs. 3 oder 4 vs. 4 spielen zwei Teams gegeneinander. Innerhalb der Teams muss immer in einer vorher festgelegten Reihenfolge abwechselnd geschlagen werden.

Erlaubte Schläge können z. B. sein:
- alles erlaubt
- kein *Smash* erlaubt
- Feldbereich ist das Doppelfeld hinter der vorderen Aufschlaglinie
- Feldbereich ist das Einzelfeld hinter der vorderen und vor der hinteren Aufschlaglinie

Beim Spiel 4 vs. 4 ist die Übung bezüglich der Geschwindigkeit weniger anspruchsvoll, bei 3 vs. 3 steigt die Geschwindigkeit für die Schüler stark an. Natürlich kann auch 2 vs. 2 (Doppel) so gespielt werden, dass abwechselnd geschlagen werden muss.

Trainierte Techniken:
4.8, 4.9, 5.3, 5.4

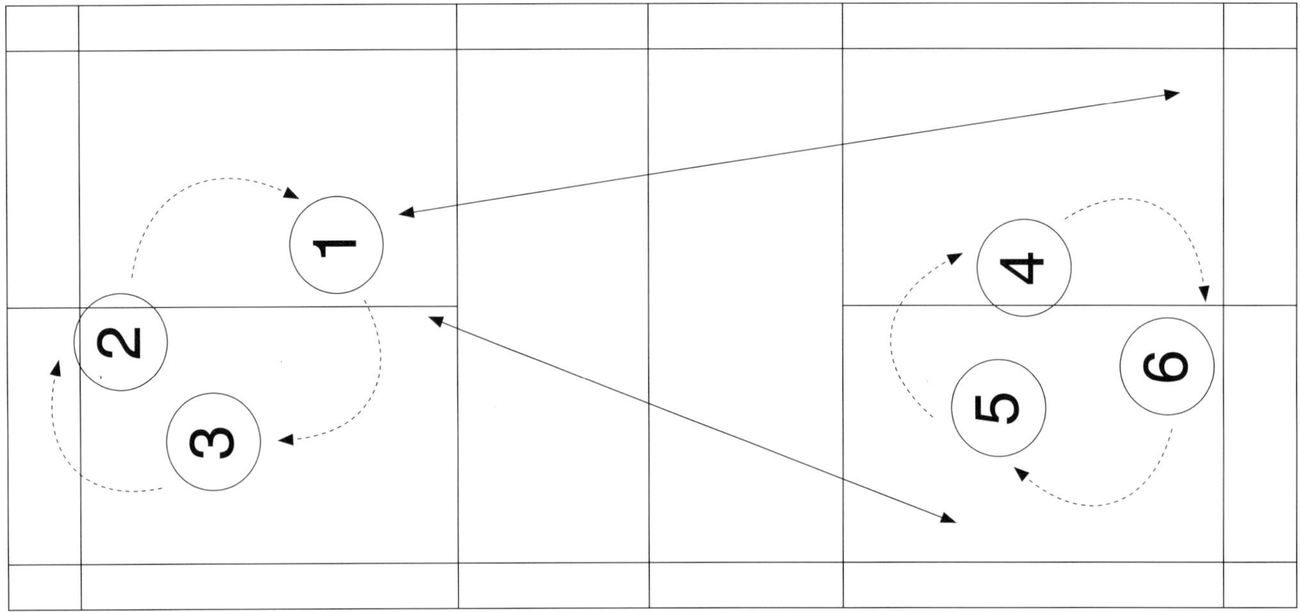

Rundlauf 3 vs. 3

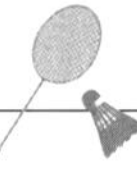

6.2.7 Technik: Schläger-ABC I

Variante 1:
Ein Spieler steht an der Aufschlaglinie, der andere im Mittelfeld. Ein Spieler spielt immer *longline* und der andere spielt abwechselnd *longline* und diagonal.

Die Bälle müssen immer deutlich auf die rechte bzw. linke Körperhälfte des Schülers gespielt werden. Der Spieler, der näher am Netz steht, sollte die Bälle deutlich nach unten spielen. Der Schüler, der im Mittelfeld steht, sollte die Bälle aus dem Unterhandbereich schlagen.

Variante 2:
Hierbei wird die Entfernung deutlich verkürzt, die Frequenz der Schläge erhöht sich und das Umgreifen des Schlägers muss schneller erfolgen. Ein Schüler steht direkt an der Netzkante und der andere an der Aufschlaglinie. Wieder gilt: Der Spieler, der näher am Netz steht, sollte die Bälle deutlich nach unten spielen, damit der andere Spieler aus dem Unterhandbereich agieren muss.

Belastung:
2–3 Mal 90 s bis 2 min/15 s Pause

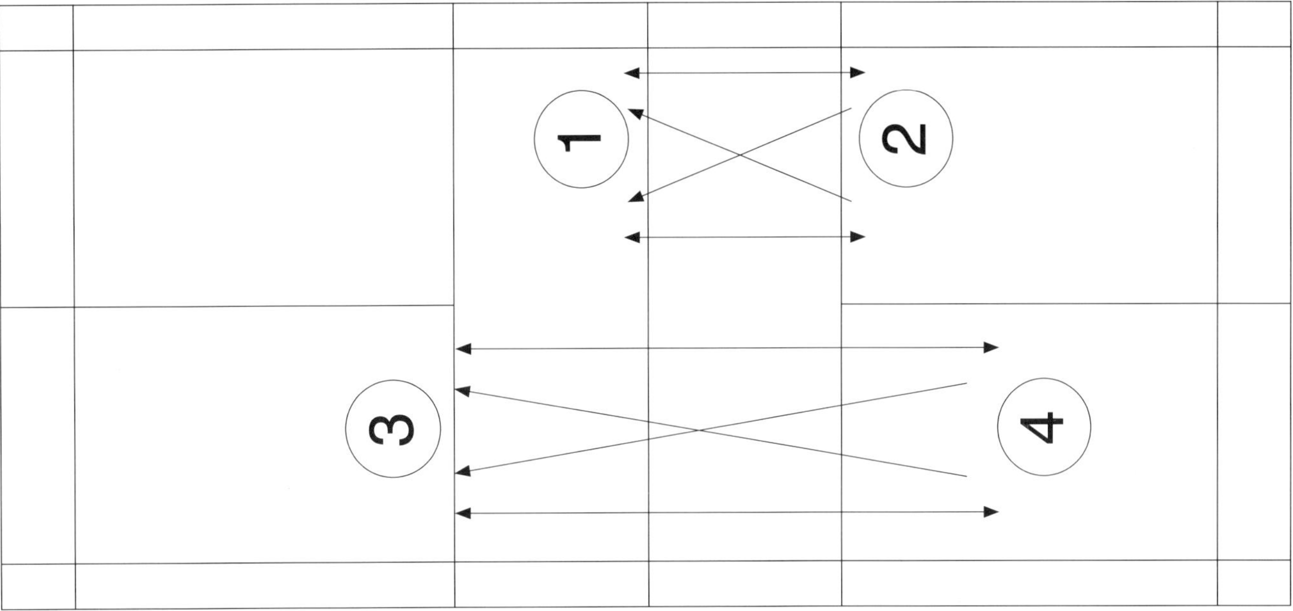

Schläger-ABC I

6.2.8 *Schlagtechniken: Schläger-ABC II (schnelle Schläge im Vorderfeld)*

Ablauf:
Beide Spieler stehen an der Aufschlaglinie und spielen sich den Ball schnell und flach über dem Netz zu. Dabei wird ungefähr so schnell gespielt, dass der Ball, wenn der Spieler ihn nicht erreichen würde, bis zur hinteren Aufschlaglinie fliegen würde.

Variante 1:
Es wird immer *longline* gespielt, d. h. ein Schüler spielt Vor- und der andere Rückhand.

Variante 2:
Ein Schüler spielt immer *longline*, der andere einmal *longline* und wechselt dann die Seite.

Belastung:
2–3 Mal 90 s bis 2 min/15 s Pause

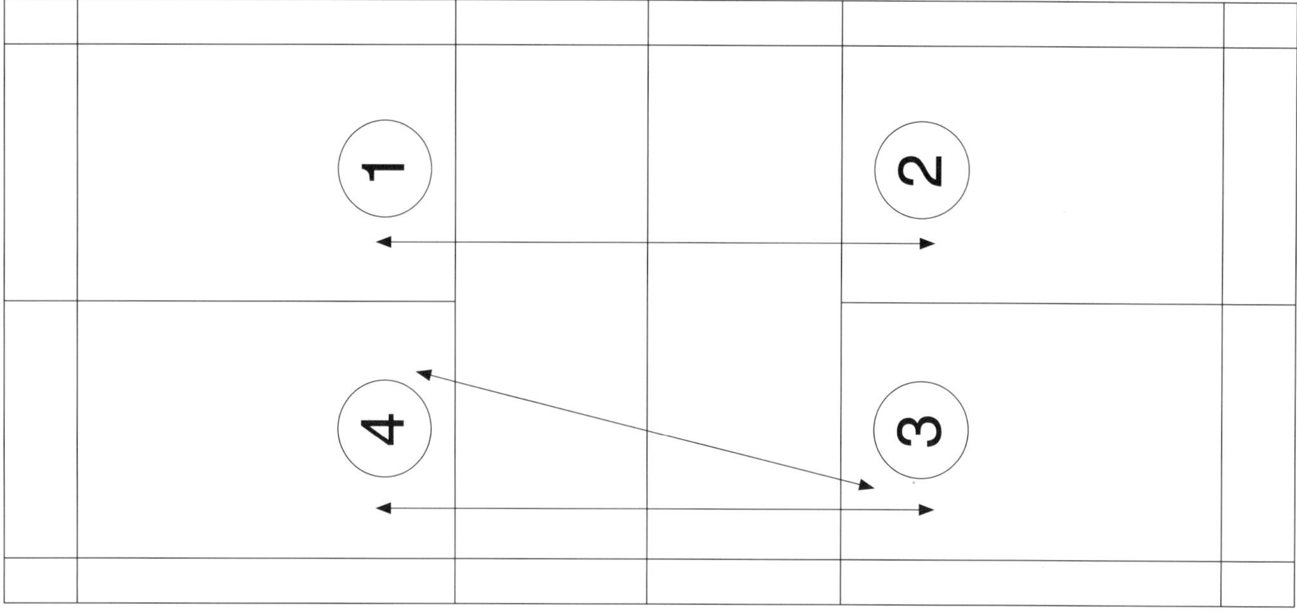

Schläger-ABC II

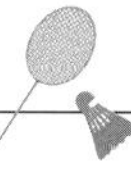

6.2.9 *Technik: Schläger-ABC III (Schieben und X-sen)*

Ablauf:
Zwei Schüler spielen im Bereich einer Schlägerlänge hinter der Aufschlaglinie.

Die Bälle müssen über dem Netz sehr flach sein, es kann beliebig *longline* und diagonal gespielt werden. Die Übenden lernen hierbei, den Ball zu steuern und kontrollierte Schläge (präzise flach über das Netz) zu spielen.

Belastung:
durchgehend 3–5 min

Trainierte Techniken:
5.1

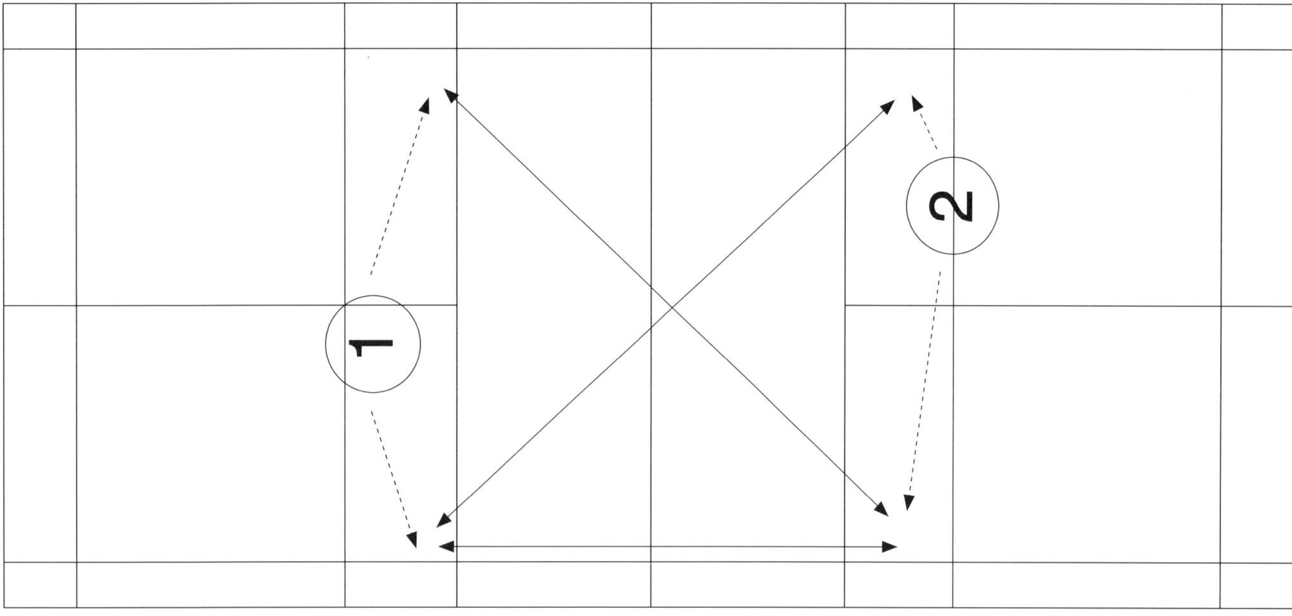

Schläger-ABC III

6.2.10 Technik: Schläger-ABC IV (Handwechsel zum Netz)

Ablauf:
Bei der Grundübung stehen ein Spieler im Mittelfeld eines Halbfeldes und die beiden Zuspieler sehr nahe am Netz. Die Zuspieler müssen immer sehr genau eine Seite des Übenden anspielen. Kommt der Ball von der Vorhandseite des Spielers, so muss er auf die Rückhand zurückgespielt werden. Der Übende spielt zwei Mal *longline* und wechselt dann mit der äußeren Hand diagonal. Er bekommt den Ball vom diagonal stehenden Netzspieler auf die andere Körperseite zugespielt und wechselt sofort mit der inneren Hand wieder zum *Longline*-Spieler, hiernach wieder 2 Mal *longline*, diagonal wechseln, sofort wieder wechseln, 2 Mal *longline*.

Belastung:
2–3 Mal 90 s bis 2 min/15 s Pause

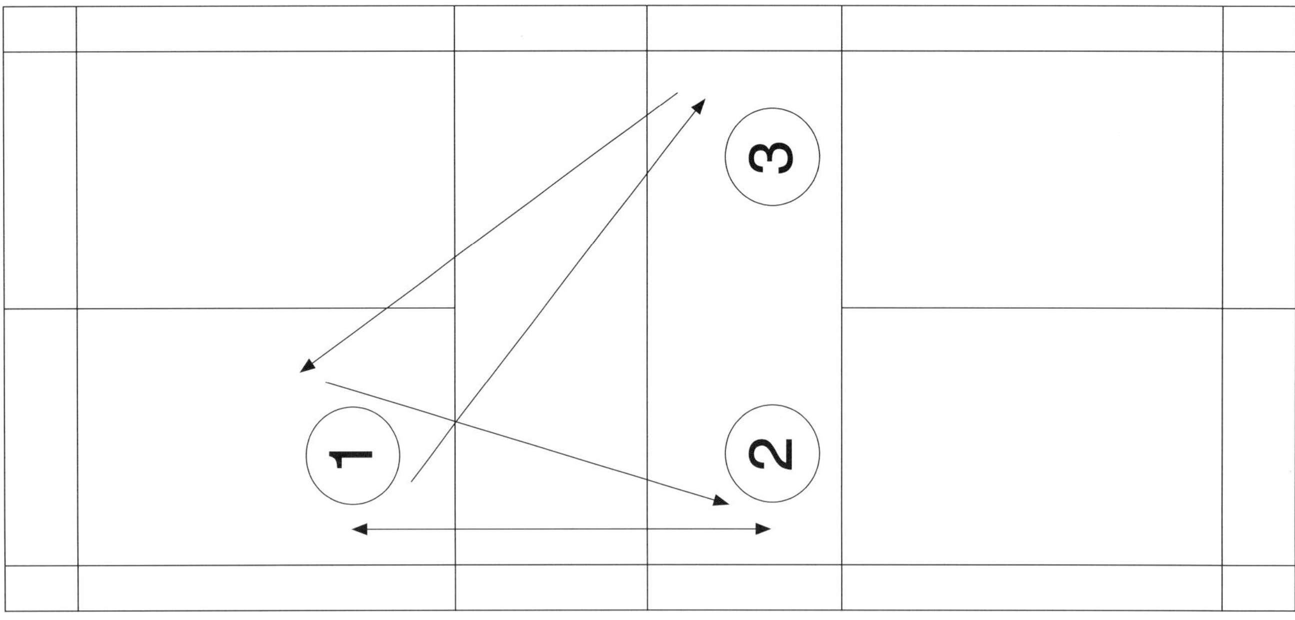

Schläger-ABC IV

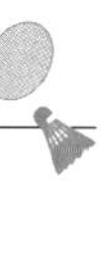

6.2.11 Spiel am Netz (Netzstecker)

Ablauf:

Auf dem Netz werden fünf alte Federbälle (Netzstecker) angebracht, sodass sie mit dem Korken nach oben zeigen. Zwei Schüler haben einen Federball, mit dem sie am Netz kurze Bälle hin und her spielen. Die Spieler sollen versuchen, abwechselnd einen Netzstecker mit dem Schläger vom Netz zu schlagen, ohne dass sie das Netz berühren oder die anderen Netzstecker herunterfallen. Hiernach sollen sie wieder den Ball, der permanent zwischen ihnen hin und her geschlagen wird, spielen. Es dürfen nur Netzstecker heruntergeschlagen werden, solange der fliegende Ball in der Luft ist und mit diesem kein Fehler gemacht wurde. **Ziel** ist es, dass die Spieler sicher am Netz einen Ball hin und her spielen und dabei den Schlägergriff permanent verändern können. Gleichzeitig sollen sie nach einem Schlag den Netzstecker und danach wieder den fliegenden Ball fokussieren.

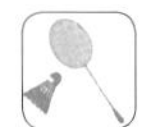

Trainierte Techniken:
4.1, 4.4, 4.5, 5.1

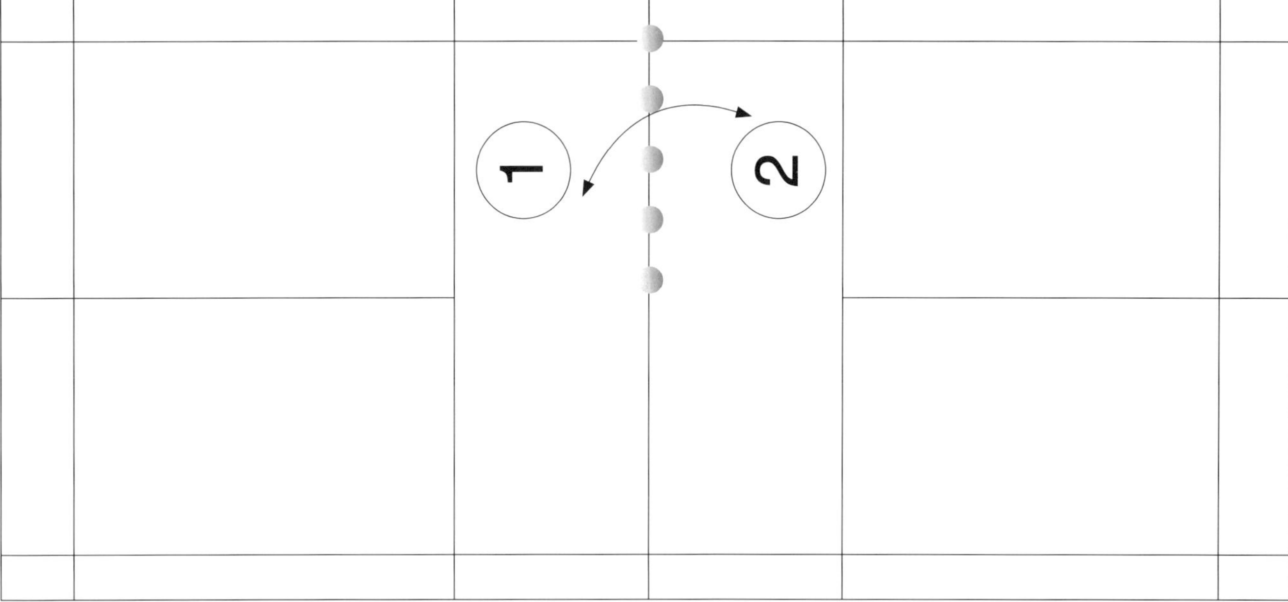

Netzstecker (Spiel am Netz)

6.2.12 Clear-drop (Netzstecker)

Ablauf:
Auf das Netz werden fünf alte Federbälle (Netzstecker) angebracht, sodass sie mit dem Korken nach oben zeigen. Zwei Schüler haben einen Federball, mit dem sie permanent vom Netz *clear* und aus dem Hinterfeld *drop* spielen. Dann soll der Spieler, der vom Netz *clear* spielt, versuchen, nach jedem zweiten *Clear* einen Netzstecker mit dem Schläger vom Netz zu schlagen, ohne dass das Netz berührt wird oder andere Netzstecker herunterfallen. Hiernach sollen sie wieder den Ball, der permanent zwischen ihnen hin und her geschlagen wird, spielen. Es dürfen nur Netzstecker heruntergeschlagen werden, solange der fliegende Ball in der Luft ist und mit diesem kein Fehler gemacht wurde. **Ziel** ist es, dass die Schüler sicher Unterhand *clear* und *drop* von der Grundlinie spielen und dabei den Schlägergriff permanent verändern. Gleichzeitig sollen sie nach einem Schlag den Netzstecker und danach wieder den fliegenden Ball fokussieren.

Trainierte Techniken:
4.2, 4.3, 4.6, 4.7, 4.9, 5.1, 5.3

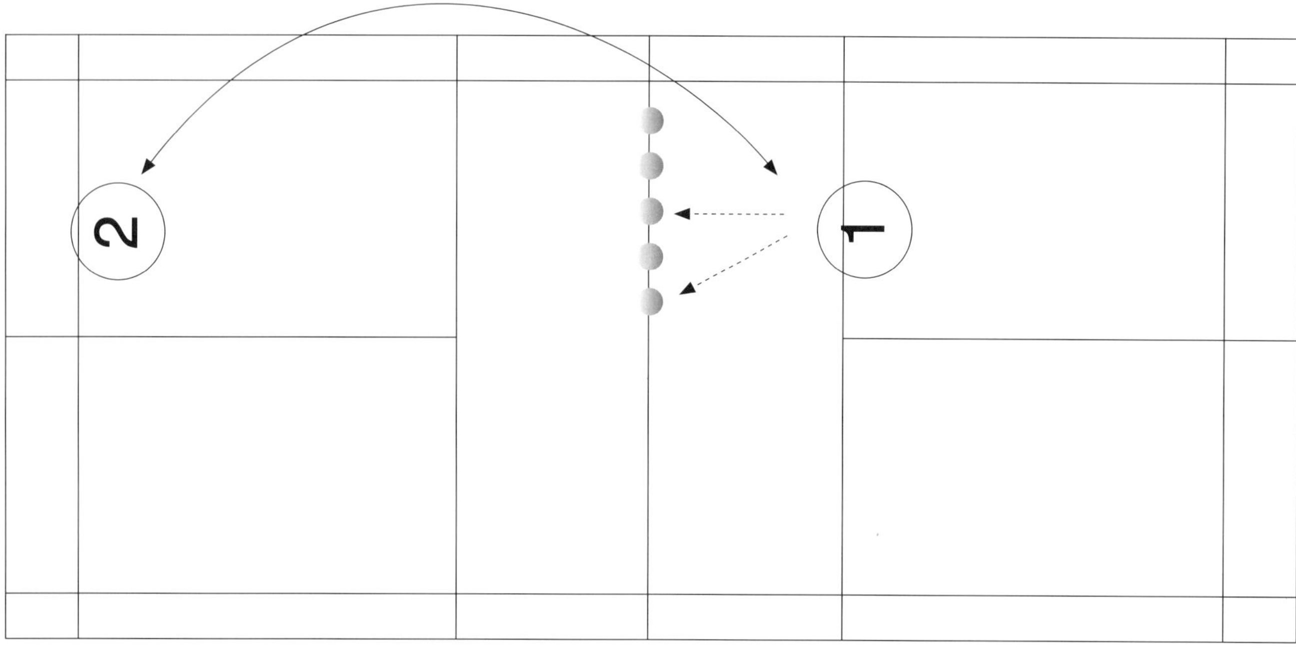

Clear – Drop (Netzstecker)

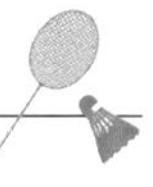

6.2.13 Übungen mit zwei Bällen

Ablauf:
Die Übungen mit zwei Bällen können auf dem Halbfeld gespielt werden. **Ziel** ist es, nach einem Schlag den Fokus vom geschlagenen Ball weg und hin zum anderen Ball zu bringen. Die Schlagbewegung muss etwas verkürzt werden, da die Schüler weniger Zeit haben als beim Spiel mit einem Ball. Die Schüler sollen lernen, Richtung und Schlaghärte zu koordinieren.

Zusatzaufgabe:
Die Schüler sollen beide gleichzeitig den Ball treffen, sodass nur ein Knall zu hören ist.

Folgende Variationen sind möglich:
- Beide Schüler schlagen *clear* von der Grundlinie.
- Beide Schüler spielen Netz*drop*.
- Beide Schüler spielen *drive* aus dem Mittelfeld.
- Ein Schüler spielt *clear* vom Netz, der andere spielt von der Grundlinie.

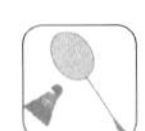

Trainierte Techniken:
4.6, 4.7, 5.3

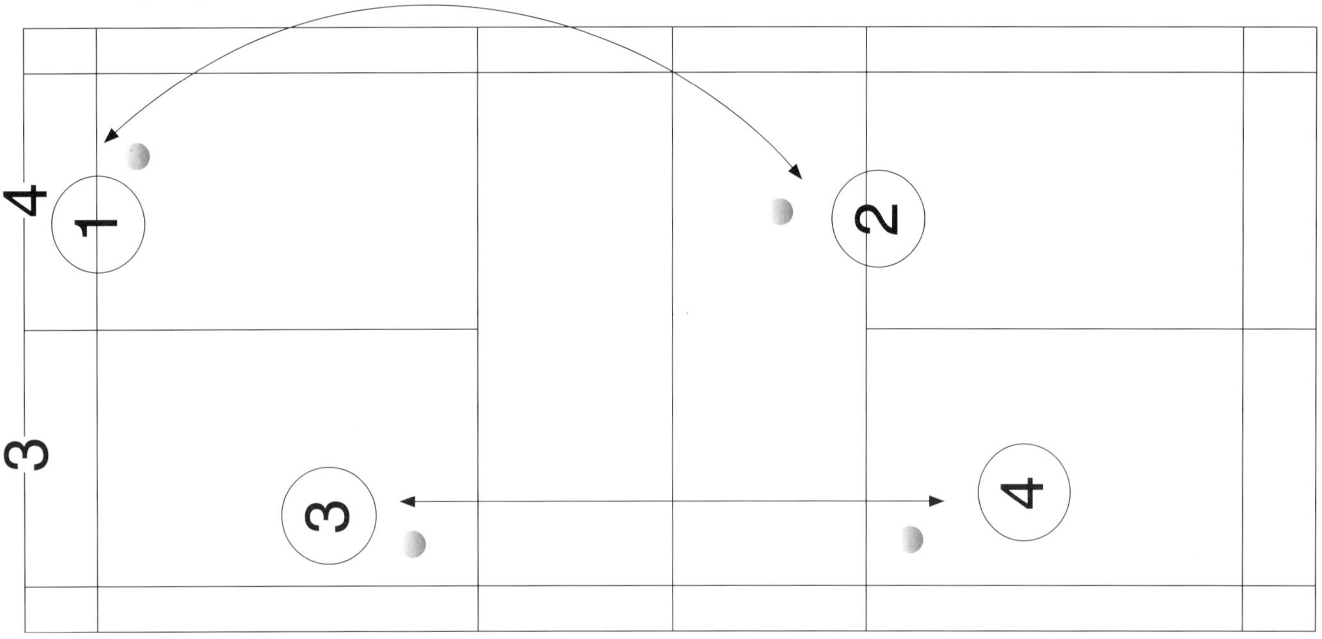

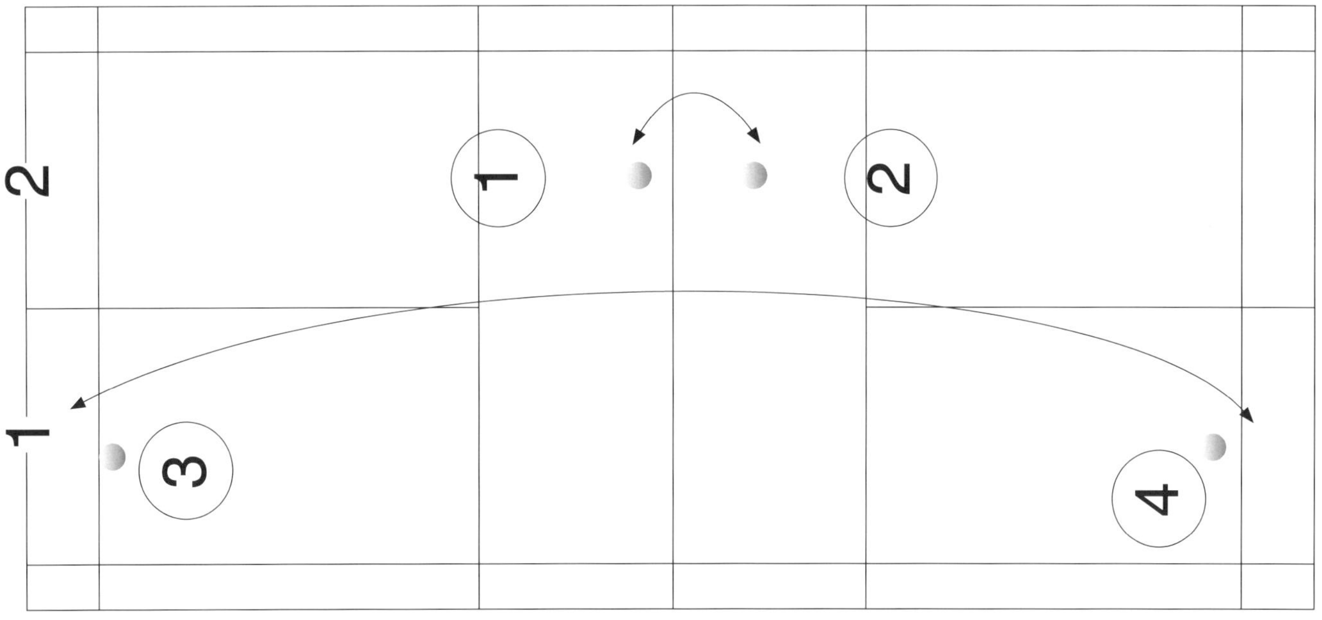

6.3 Kleine Wettkämpfe

6.3.1 „Schwedisch Doppel"

Ablauf:
Vier Schüler spielen auf einem Feld gegeneinander. **Lernziel** bei dieser Spielform ist, dass die Schüler Bälle genau platzieren. Aus einem sicheren Schiebespiel heraus muss möglichst ansatzlos versucht werden, Bälle in die Boxen zu spielen. Jeder Spieler hat eine gewisse Anzahl von Punkten (Leben), z. B. 10, 15, 20. Wird in seinem Halbfeld eine Wertung erzielt, so werden ihm die Punkte abgezogen, bis er 0 Punkte hat und ausscheidet.

Beim Schwedisch Doppel kann man in den verschiedenen Feldbereichen eine unterschiedliche Anzahl von Punkten erzielen:
- im normalen Mittelfeld gibt es 1 Punkt,
- in der großen Box gibt es 3 Punkte,
- in der kleinen Box gibt es 4 Punkte,
- ein Netzroller zählt 2 Punkte,
- ein Körpertreffer ergibt 5 Punkte,
- bei Fehler (Aus, Netz) gibt es 1 Punkt.

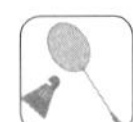

Trainierte Techniken:
4.1, 4.6–5.5

4	Fehler	3	3	Fehler	4
Fehler	(3) 1	Fehler	Fehler	1 (4)	Fehler
Fehler	(1) 1			1 (2)	Fehler
4	Fehler	3	3	Fehler	4

„Schwedisch Doppel"

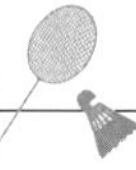

6.3.2 „Englisch Doppel“

Ablauf:

Vier Schüler spielen auf einem Feld gegeneinander Doppel, aber eigentlich spielt jeder gegen jeden. Die Raumaufteilung ist abweichend vom richtigen Doppel so, dass jeder Spieler seine Spielfeldhälfte verteidigt. Es wird also eigentlich Halbfeld Einzel gespielt, wobei man bei dieser Übungsform auch diagonal spielen darf. Gezählt wird wie folgt: Jeder Spieler hat z. B. 5, 7, 10 Punkte (Leben), von denen ihm bei jedem Fehler bzw. Punkt, der auf seiner Spielfeldhälfte erzielt wird, ein Punkt (Leben) abgezogen wird. Wenn ein Spieler keine Punkte mehr hat, scheidet er aus und die restlichen drei Schüler spielen weiter. Die letzten beiden Schüler, die übrig sind, spielen auf dem ganzen Feld drei Punkte bis zum Sieg aus.

Den Begriff „Englisch Doppel“ sollte man tunlichst vermeiden, wenn in der Klasse gerade englische Austauschschüler zu Besuch sind. Da die Engländer traditionell in den Doppeldisziplinen sehr stark sind, mögen sie nicht gerne mit dieser einfachen Taktik der Felddeckung in Verbindung gebracht werden.

Trainierte Techniken:
4.1, 4.4–5.5

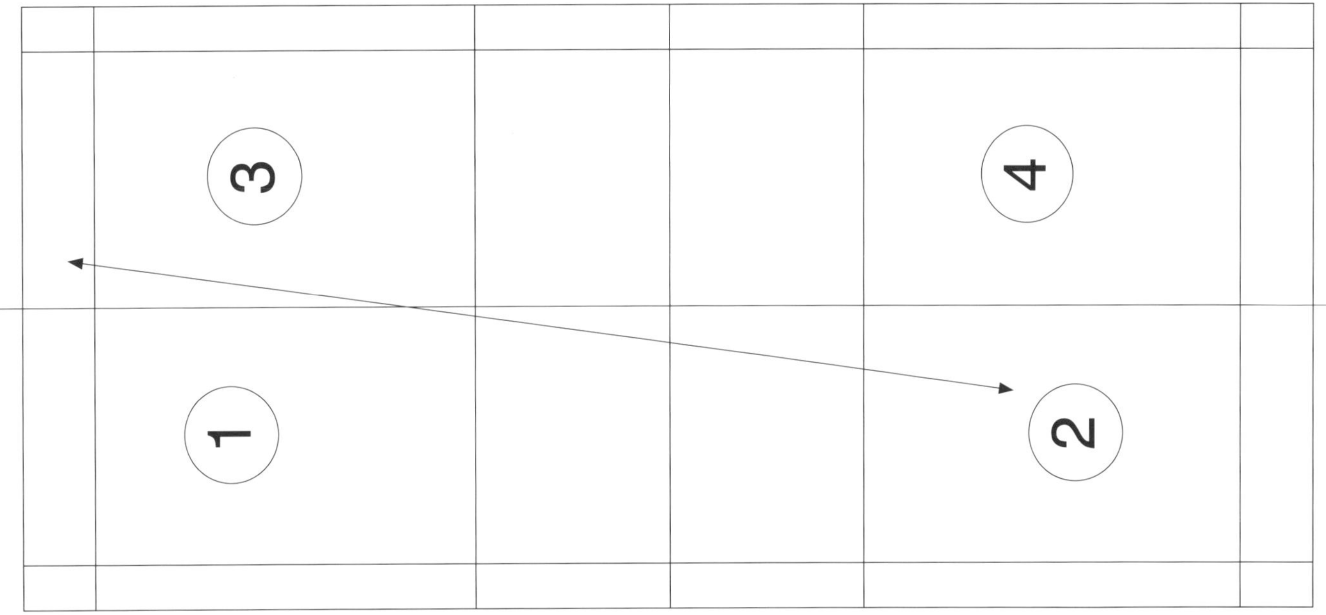

„Englisch Doppel“

6.3.3 Einzel zu dritt oder zu viert (Punkte übernehmen)

Ablauf:

Zwei Schüler spielen auf dem Einzelfeld ein ganz normales Einzel. Gespielt werden z. B. bis 5, 7, 11 Punkte. Hat ein Spieler die Punktzahl erreicht, so bleibt er auf dem Feld und sein Punktestand ist wieder null. Der Verlierer verlässt das Feld und wird durch einen der Spieler, der Pause hatte, ersetzt. Der Schüler, der neu ins Spiel kommt, übernimmt die Punktzahl des Verlierers. Wurde das Spiel z. B. mit 7:4 gewonnen, so übernimmt der neu ins Spiel kommende Spieler die 4 Punkte des Verlierers und der Spielstand lautet 4:0 für den eingewechselten Schüler. Bei dieser Spielform können durch die vielen Wechsel mehrere Übende ein Einzel spielen, ohne dass längere Pausen entstehen.

Trainierte Techniken:
4.2–5.5

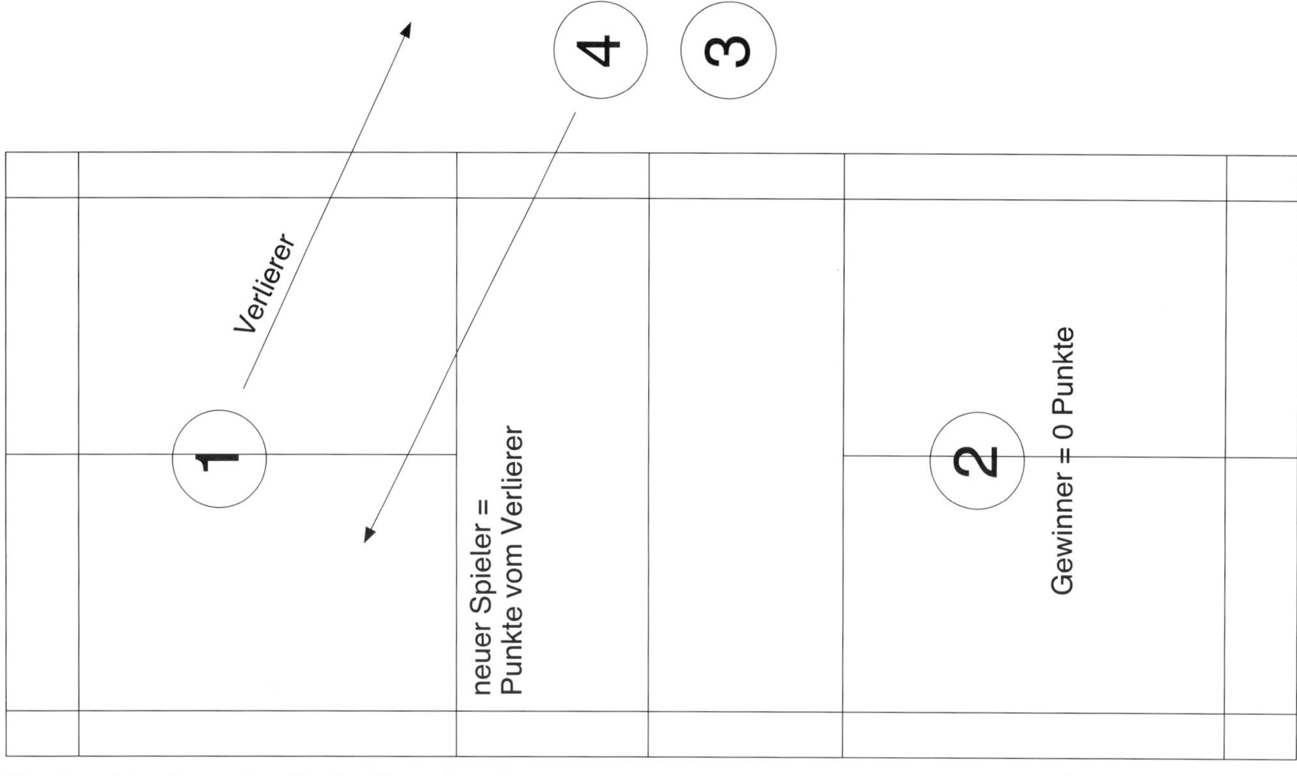

Einzel zu dritt oder zu viert (Punkte übernehmen)

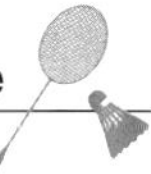

6.3.4 3 gegen 3

Ablauf:
Es können hier beispielsweise sechs Schüler auf einem Feld in Teams gegeneinander spielen. Wichtig ist, dass man die Raumaufteilung sowohl für die Angriffs- als auch für die Verteidigungsformationen einübt. Grundsätzlich ist die Aufstellung so, dass zwei Schüler im Hinterfeld spielen und einer am Netz.

In der **Angriffsformation** wählt der Netzspieler die Seite, auf der der Angriff ausgeführt wird, d. h. wird der Ball auf die linke Spielfeldhälfte gespielt, so steht der Netzspieler auch auf der linken Seite. Auf dieser Seite stehen jetzt zwei Angreifer hintereinander (Tunnelangriff).

Man wählt diese Form, weil man davon ausgeht, dass die Verteidiger – wenn sie unter starkem Druck stehen – nur sehr schwer diagonal abwehren können und die meisten Abwehrbälle somit eher *longline* zu erwarten sind.

Der dritte Schüler auf der freien Spielfeldseite rückt in das Mittelfeld vor, um diagonal abgewehrte Bälle frühzeitig zu erreichen. Das Hinterfeld deckt er auf seiner Seite weniger, da man davon ausgeht, dass eine diagonal hohe Abwehr nur sehr schwer zu spielen ist und auch sehr lange fliegt. Somit hat man Zeit, den Ball auch im Hinterfeld zu erreichen.

In der **Verteidigungsformation** stehen entweder alle drei Spieler nebeneinander oder zwei Spieler verteidigen wie im Doppel nebeneinander und der dritte Spieler duckt sich am Netz ab.

Gezählt wird wie im normalen Spiel. Nur wenn man das Aufschlagrecht erlangt, rotiert das Dreierteam wie beim Volleyball.

Trainierte Techniken:
4.1, 4.6–4.12, 5.3

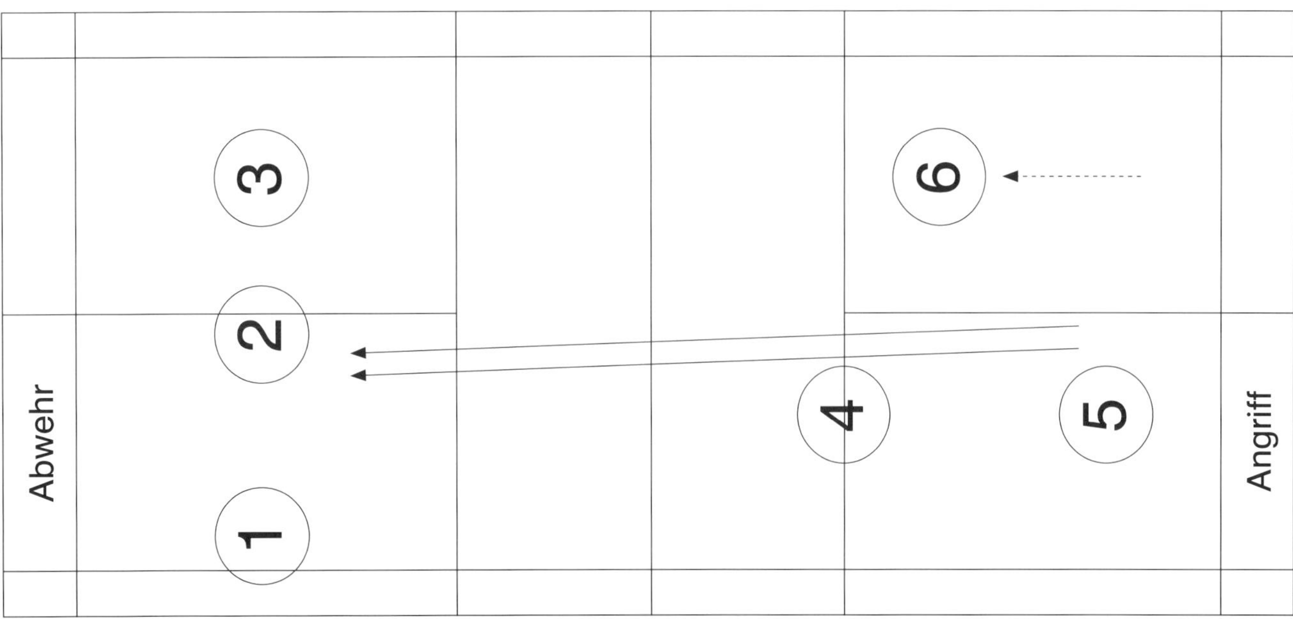

3 gegen 3

7. Übungen zu den Techniken

7.1 Drop von der Grundlinie (vier Positionen)

Ablauf:
Von der Grundlinie sind grundsätzlich vier verschiedene *Drop* zu spielen:
- von der Vorhandseite *longline*
- von der Vorhandseite diagonal
- von der Rückenseite *longline*
- und von Rückenseite diagonal

Aus der folgenden Abbildung ist zu ersehen, wie vier Spieler auf einem Feld so organisiert werden können, dass alle vier Varianten gespielt werden, ohne dass sich die Spieler behindern.

90 s wird ein *Drop* geübt, dann ist der Zuspielpartner mit dem gleichen Schlag dran. Anschließend geht man über zum nächsten Schlag, bis alle vier durchgespielt wurden.

Trainierte Techniken:
4.2, 4.3, 4.6, 4.7, 4.9, 5.1, 5.3

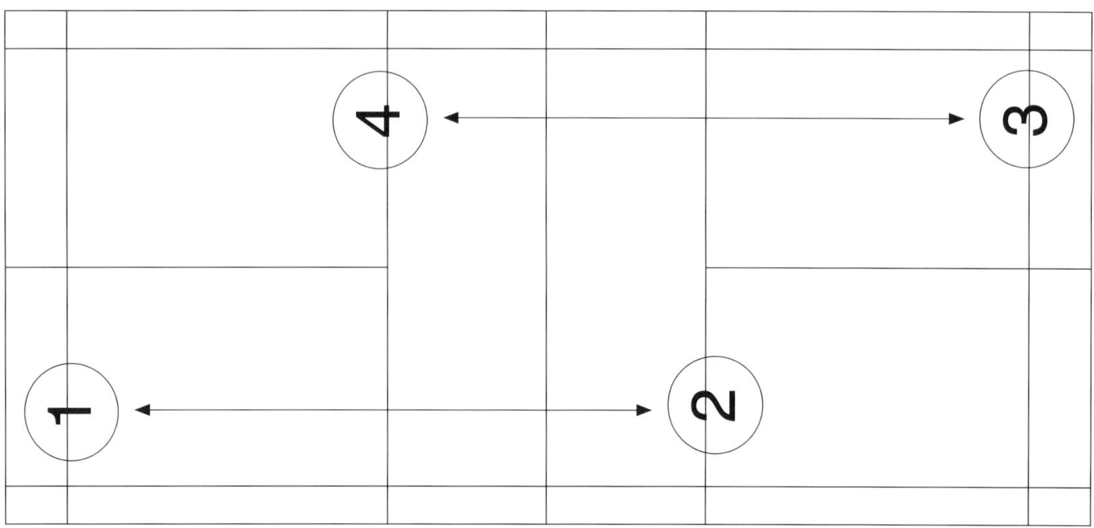

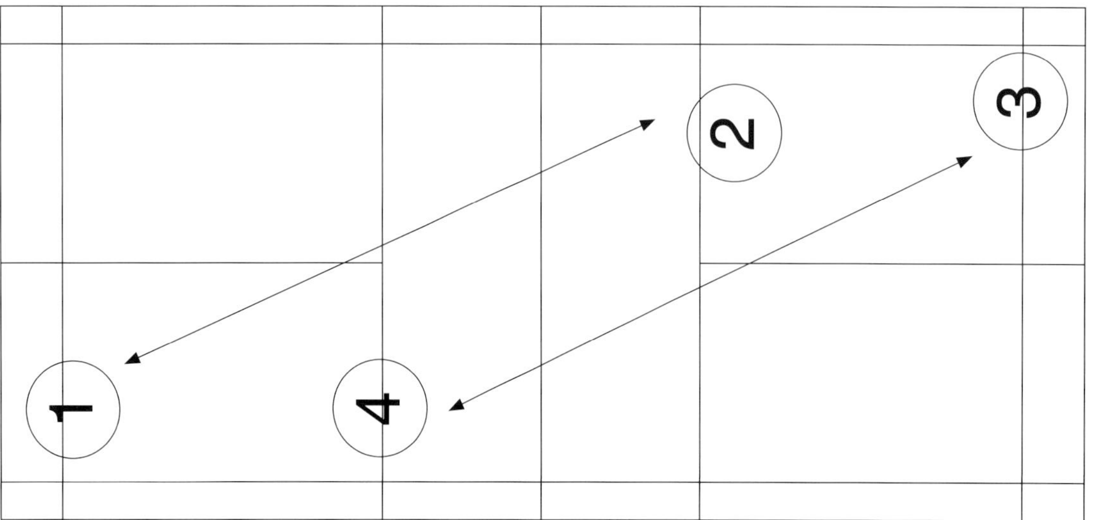

Drop von der Grundlinie

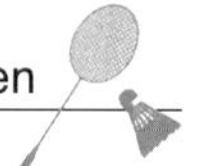

7.2 Technik-Training Einzel (Drop von der Grundlinie)

Ablauf:
Der Schüler spielt vom gesamten Grundlinienbereich *drop* auf eine Spielfeldhälfte. Der Zuspieler verteilt die Unterhand*clear* beliebig an der Grundlinie, spielt aber hoch und komfortabel zu. Die *Drop* von der Grundlinie sollten immer aktiv (schnell und flach über dem Netz) gespielt werden. Steht der Übende in Balance, sollte er gewischte und geschnittene *Drop* spielen. Wenn das nicht so ist, sollte er den Ball besser gerade schlagen.

Belastung:
2 Mal je Seite 90 s bis 2 min/15 s Pause im Wechsel

Trainierte Techniken:
4.2, 4.3, 4.6, 4.7, 4.9, 5.1, 5.3

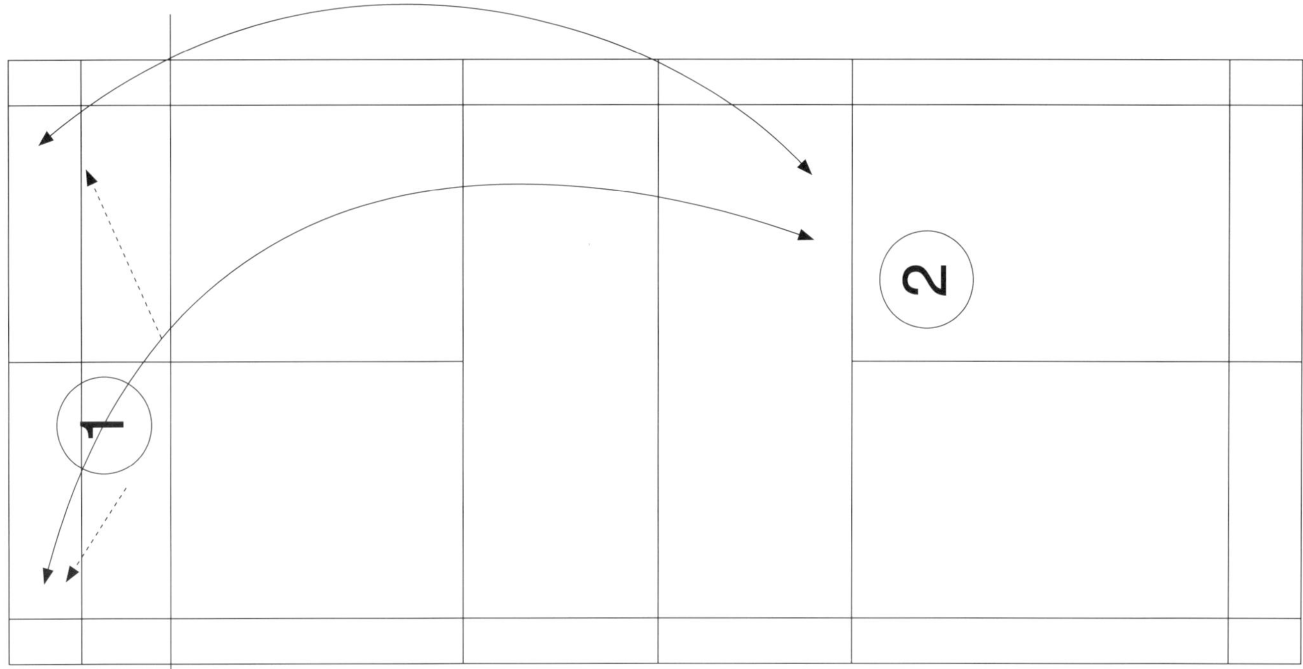

Drop von der Grundlinie

7.3 Übungen zur Zielgenauigkeit und Orientierungsfähigkeit

Ablauf:
Die Orientierungsübungen dienen dazu, Schläge bewusst zu platzieren. Hierbei ist die eigene Orientierungsfähigkeit gefordert, da der Zuspieler jeden Ball auf eine andere Position spielt, sodass man permanent unterschiedliche Treffpunkte (neben den Körper, hinter den Körper, vor den Körper usw.) bekommt. **Ziel** des Übenden ist es, egal wohin der Ball zugespielt wird, immer eine vorher festgelegte Position möglichst genau anzuspielen.

Der Zuspieler spielt die Bälle an die Grundlinie, jeden Ball auf eine andere Position und auch einige bewusst zu kurz, sodass auch die Länge des Zuspiels variiert.

Der Übende spielt alle Bälle auf:
- die Vorhand des Zuspielers
- die Rückhand des Zuspielers
- die Schlagarmschulter
- die Schlagarmhüfte

Oder er wählt folgende Kombinationen:

- Rückhand außen/Schlagarmhüfte/*Smash* auf Körper
- Körper/Vorhand außen/Schlagarmschulter

Belastung:
30 Mal 90 s bis 3 min/15 s Pause

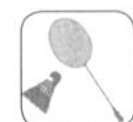

Trainierte Techniken:
4.2, 4.3, 4.6, 4.7, 4.9, 4.10, 5.1–5.3, 5.5

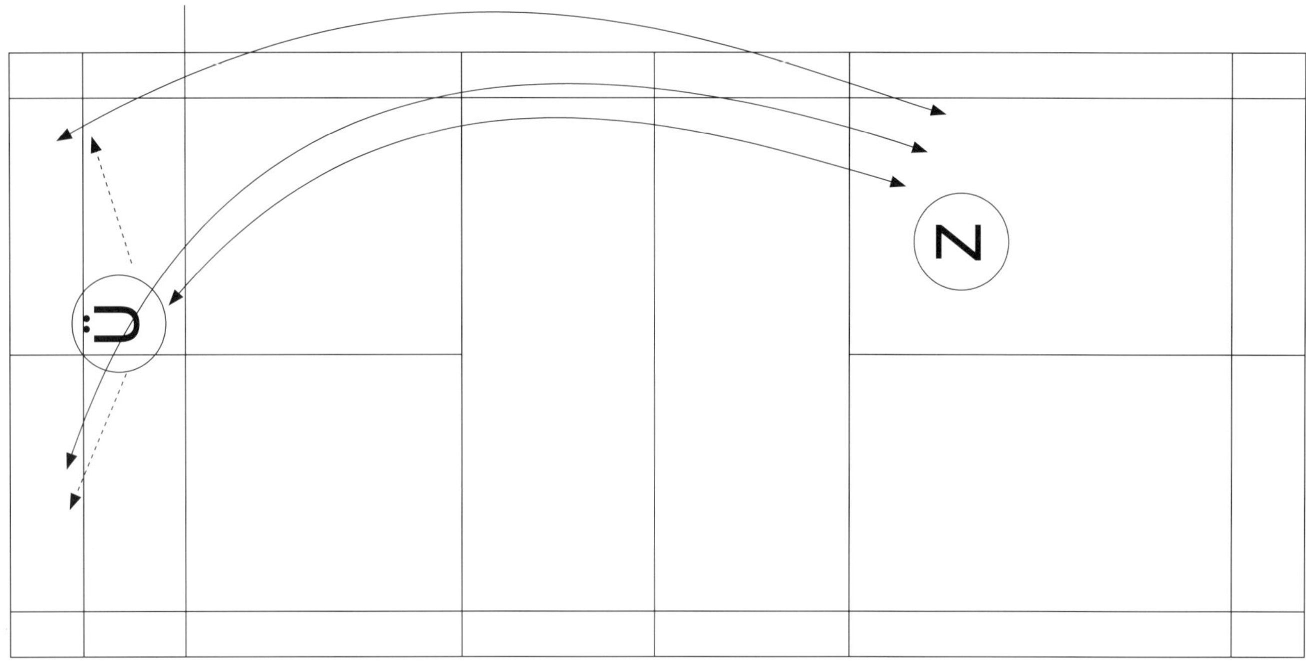

Orientierungsübungen

7.4 Halbfeld-Einzel (mit Zusatzaufgaben)

Ablauf:
Beim Halbfeld-Einzel kann schon nach kurzer Zeit zielgerichtet Badminton gespielt werden. Die Schüler sind schnell in der Lage, die Feldbereiche zu erreichen und die gelernten Grundschläge (*Clear* und *Drop* aus dem Hinter- und Vorderfeld) zu spielen. Gelernte Schläge lassen sich also sofort in einer Spielsituation einsetzen, Schlagmuster werden gefestigt und gesichert.

Die Grundübung „Halbfeld-Einzel" kann mit folgenden Zusatzaufgaben kombiniert werden:

- Beide Spieler müssen bei jedem Treffpunkt rückwärts zählen, z. B. von 300 in 17er-Schritten.
- Vokabeln abfragen: Ein Spieler fragt, ein anderer antwortet. Sind zwei Antworten falsch, so wechselt das Fragerecht.
- Bei jedem Schlag muss eine Primzahl genannt werden.

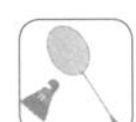

Trainierte Techniken:
4.1–5.5

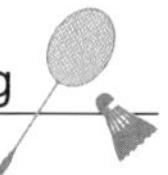

8. Übungen mit Belastung

8.1 Drop und Smash aus dem Rückwärtslauf

Ablauf:
Bei dieser Übung sollen die Schüler lernen, sich schnell rückwärts im Feld zu bewegen und, nachdem sie einen Ball (*Drop* oder *Smash*) geschlagen haben, sehr schnell auch wieder nach vorne zu gelangen.

Als Ausgangspunkt für diese Übung schieben beide Spieler den Ball von Aufschlaglinie zu Aufschlaglinie. Dieser Schlag erfordert Kontrolle und wird mit nahezu festem Handgelenk ausgeführt. Ein Schüler kann aus diesem Schiebespiel heraus den Ball hoch an die Grundlinie spielen. Der andere Spieler muss schnell reagieren, mit Nachstellschritten rückwärts laufen, hinter den Ball kommen und diesen als *Drop* nach unten schlagen. Der Zuspieler bewegt den Ball wieder mittels Schiebespiel bis zur Aufschlaglinie, sodass sein Gegner ihn dort erreichen kann. Das Schiebespiel beginnt dann von vorn.

Variante:
Statt eines *Drop* nach unten, kann auch ein *Smash* gespielt werden. Der übende Spieler muss hierbei noch schneller hinter den Ball kommen, um den *Smash* ausführen zu können.

Belastung:
immer abwechselnd 90 s bis 3 min

Trainierte Techniken:
4.1, 4.6, 4.7, 4.9–5.2, 5.4, 5.5

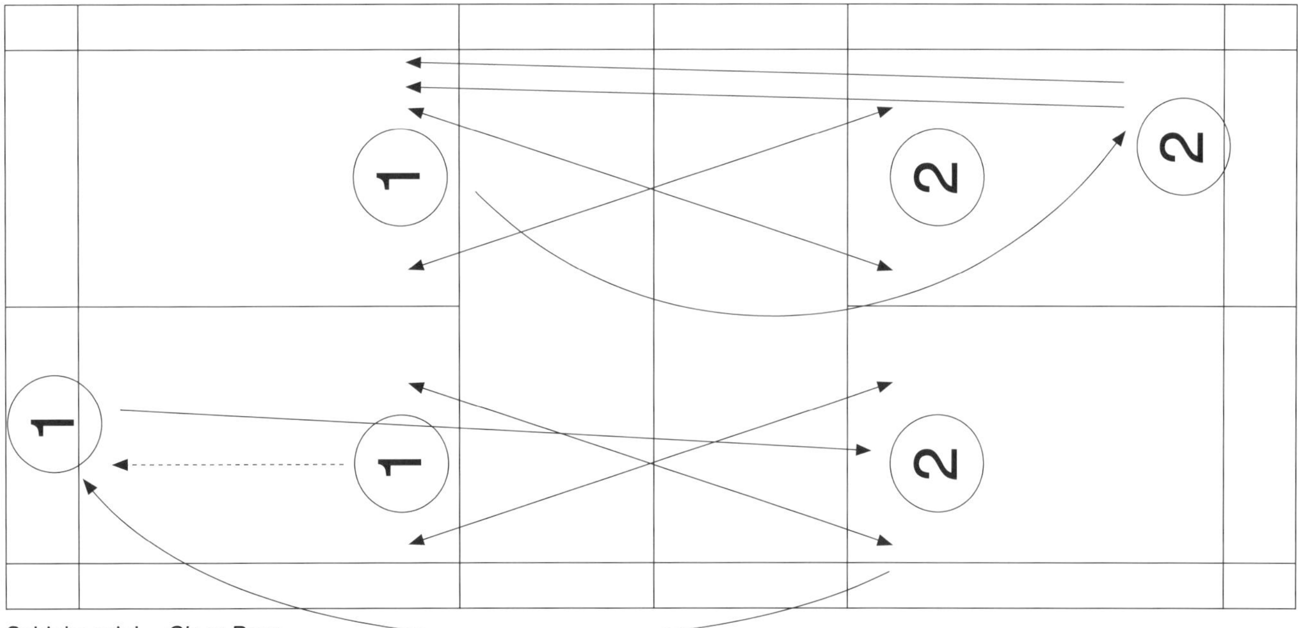

Schiebespiel – *Clear-Drop*

8.2 *Halbfeld-Einzel mit drei Bällen*

Ablauf:
Zwei Schüler spielen auf einem halben Feld, sie haben drei Bälle. Jeder Schüler stellt einen Ball auf die hintere Doppelaufschlaglinie. Mit dem dritten Ball wird am Netz (vor der Aufschlaglinie) ein Punkt ausgespielt. Der Ball wird mit einem korrekten kurzen Rückhandaufschlag ins Spiel gebracht, danach muss er immer vor der Aufschlaglinie gespielt werden. Macht ein Spieler einen Fehler (Netz, Aus), so laufen beide Spieler so schnell wie möglich nach hinten, nehmen den auf der Doppelaufschlaglinie stehenden Ball und bringen ihn mit einem Unterhandschlag ins Spiel. Jetzt sind zwei Bälle gleichzeitig im Spiel und beide Schüler müssen versuchen, mit beiden Punkte zu machen. Liegen alle Bälle auf dem Boden, so werden die Punkte zusammengezählt. Ein Punkt für den Netzball und jeweils einen für die beiden gleichzeitig ins Spiel gebrachten Bälle macht maximal drei Punkte für einen Spieler.

Das Spiel funktioniert auf dem halben Feld besonders gut, kann aber auch auf dem ganzen Spielfeld gespielt werden. Möchte man (ähnlich wie beim Kaiserspiel) auf- und absteigen, so empfiehlt es sich, nur bis 7, 9, 11 Punkte zu spielen.

Beim Spiel mit zwei Bällen oder mit dem Netzstecker geht es darum, die Aufmerksamkeit sehr schnell vom einen auf den anderen Ball zu lenken. Und generell erfordert dieses Spiel schnelles Handeln und schnelles Laufen. Da das Spiel zudem oftmals chaotische Situationen hervorruft, die in einem normalen Spielen so nicht vorkommen, ist der Spaßfaktor hier sehr hoch.

Trainierte Techniken:
4.1, 4.4–5.2, 5.4

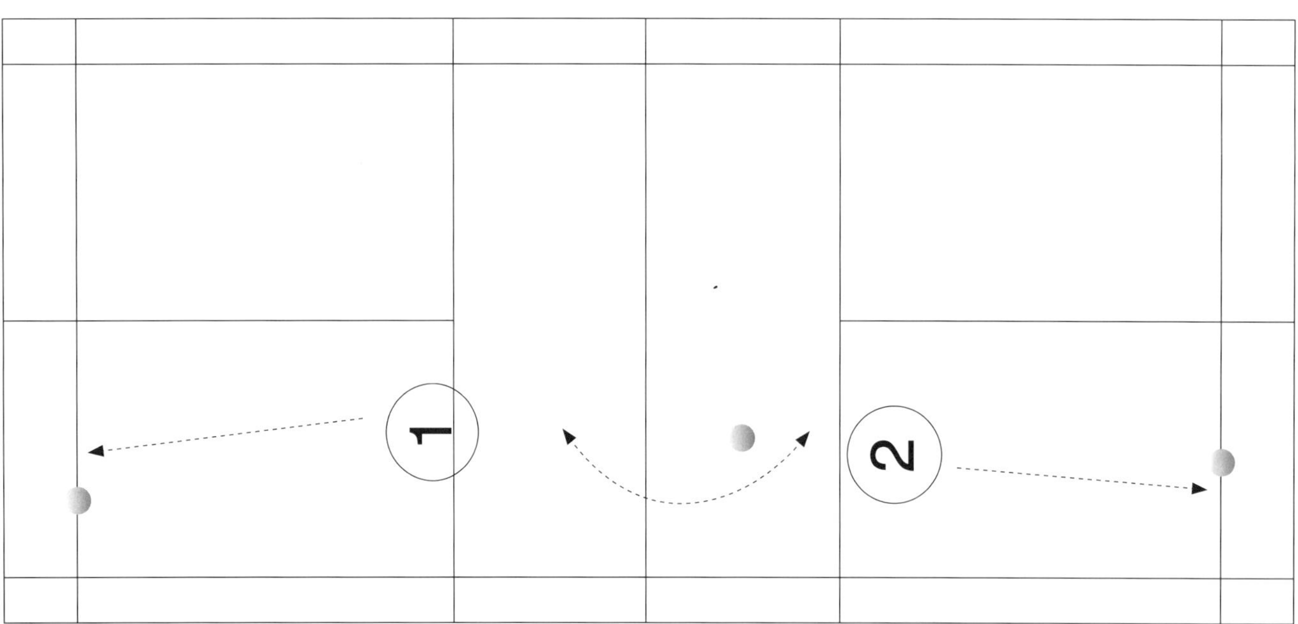

Halbfeld-Einzel mit 3 Bällen

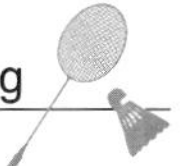

8.3 1 gegen 2 mit Bewegung

Ablauf:
Diese Übung mit vier Spielern ist sehr bewegungsintensiv. Gespielt wird auf dem Einzelfeld. Ein einzelner Spieler darf den *Smash* nicht nutzen, die Zweiergruppe schon. Die Zweiergruppe erhält die zusätzliche Aufgabe, immer abwechselnd schlagen zu müssen. Daher muss sich der Spieler, der gerade geschlagen hat, nach dem Schlag möglichst in der Spielfeldmitte positionieren, um das gesamte Feld abzudecken. Wichtig für die Zweiergruppe ist, herauszufinden, wie sie es am besten anstellen, dass sie sich nicht umlaufen.

Varianten:
- Nach einer gewissen Zeit (2, 3, 4 min) wechseln einzelne Schüler mit einem Spieler, der Pause macht.
- Nach einer gewissen Zeit (5, 10 min) spielt die Zweiergruppe jeweils alleine und die beiden Einzelspieler werden zu einer Zweiergruppe.

Trainierte Techniken:
4.8–4.10, 5.1, 5.3, 5.4

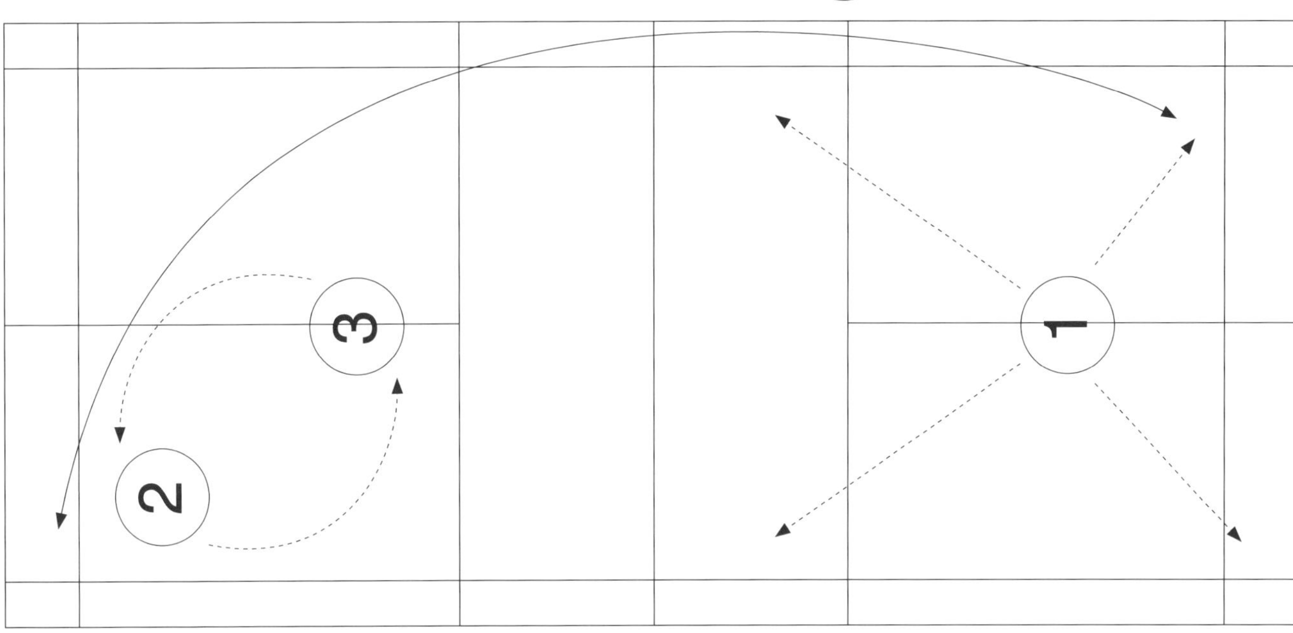

Einzel 1 gegen 2 (schlagen abwechselnd)

8.4 Halbfeld-Einzel (Kaiserturnier)

Ablauf:
Wegen der eingeschränkten Platzmöglichkeiten in den Schulsporthallen ist es häufig notwendig, Übungen und kleine Wettkämpfe auf dem Halbfeld auszuführen. Die grundlegende Wettkampfform auf dem halben Feld ist das Kaiserspiel. Die Spielfeldhälften werden durchnummeriert, sodass das Spielfeld mit der Nummer 1 das Kaiserfeld ist. Nach Beendigung einer Spielrunde steigt der Sieger ein Feld auf (bzw. bleibt auf dem Kaiserfeld) und der Verlierer steigt ein Feld ab (bzw. bleibt auf dem letzten Feld). Ist die Zeit der Spielrunde abgelaufen oder beendet ein Spieler (siehe Varianten) die Spielrunde, so brechen die anderen Spieler den Ballwechsel sofort ab. Sieger ist derjenige, der mehr Punkte hat oder bei Punktgleichstand das Aufschlagrecht hatte.

Diese Spielform reicht aus, um ca. 20–30 min eine relativ hohe Belastung und zudem viel Spaß bei den Spielern zu erzeugen.

Bei dieser Spielform sind eine **Vielzahl von Varianten** möglich:
- Zeit
- Feldbereiche
- Zählweise

 **Trainierte Techniken:**
4.1–5.5

8.4.1 Varianten der Zeit

Ablauf:
Da es beim Halbfeld-Einzel und ganz speziell beim Kaiserturnier auch darum geht, in einem bestimmten Zeitraum gegen möglichst viele verschiedene Gegner anzutreten, ist es nicht sinnvoll, Zeiten zu wählen, die höher als 3 min pro Runde sind. Spielt man z. B. 8×3 min mit 15 s Pause, so dauert das Turnier eine halbe Stunde. Spielt man kurze Zeiten (z. B. 1 min oder 90 s), liegt der Fokus darauf, dass die Schüler schnell ins Spiel finden und wenige einfache Fehler machen. Wenn man kurze Zeiten spielt, so sollte man nicht so häufig die Feldbereiche wechseln oder eine zu komplizierte Zählweise wählen. Das ist nur bei langen Zeiten sinnvoll (2:30–3 min).

 Folgende **Möglichkeiten** gibt es:

- Pro Runde sind Zeitvorgaben von 1 bis 3 min sinnvoll. Man sollte ca. 15 s zum Wechsel des Spielfeldes einplanen.
- Es ist auch möglich, eine Runde dann zu beenden, wenn der erste Spieler z. B. 5 Punkte erzielt hat. Die Gesamtzeit des Kaiserspiels kann dann z. B. auf 20 min begrenzt sein.
- Eine Runde kann auch dann beendet sein, wenn ein bestimmtes Ereignis eintritt, z. B. ein Spieler hat einen Netzroller gespielt, ein Spieler hat einen Körpertreffer gelandet.
- Auch Blitzturniere sind möglich, gespielt wird dann auf nur einen Punkt.

8.4.2 Varianten der Feldbereiche

Ablauf:
Schränkt man die Feldbereiche ein, so sind taktische Maßnahmen erforderlich, um erfolgreich zu spielen. Hierbei werden bestimmte Schlagvarianten bevorteilt oder ausgeblendet.

 Folgende **Möglichkeiten** gibt es:

- Ohne Hinterfeld: Gespielt wird nur bis zur hinteren Doppelaufschlaglinie. Spieler, die gut schmettern können, sind bevorteilt. Spieler, die nicht so gut rückwärts laufen können, kommen auch hier gut ins Spiel.
- Ohne Vorderfeld: Es zählt das Feld hinter der vorderen Aufschlaglinie. Das Netzspiel findet nicht statt, dafür gibt es viele lange Ballwechsel mit eher harten als weichen Schlägen.
- Einzelfeld ohne Hinterfeld und ohne Vorderfeld: Gespielt wird von der Mittel- bis zur äußeren Einzelfeldlinie und zwischen der vorderen und hinteren Aufschlaglinie. Die Beinarbeit rückt hierbei in den Hintergrund, dafür muss man sehr geschickt mit dem Schläger umgehen können. Sehr schnell wechseln die Treffpunkte von Überkopf nach Unterhand. Eine Vielzahl der Treffpunkte liegt im Seithandbereich oder vor dem Körper. Der Spieler muss nach jedem Schlag sofort wieder klar für den nächsten sein, d. h. höchste Konzentration und Aufmerksamkeit ist erforderlich.

8.4.3 Varianten der Zählweise

Ablauf:
Bei den Varianten der Zählweise werden im Allgemeinen bestimmte Schläge oder bestimmte Feldbereiche als Ziel hervorgehoben.

 Folgende **Möglichkeiten** gibt es:

- Ein Körpertreffer zählt 5 Punkte. Der Schläger soll in der Ausgangsposition vor dem Körper gehalten und durch geschickten schnellen Griffwechsel ein Körpertreffer verhindert werden.
  Anmerkung: Körpertreffer sind im Badmintonsport nicht unfair. Der Körper ist genauso ein Zielpunkt, der verteidigt werden muss, wie die Ecken des Spielfeldes. Da der Federball sehr leicht ist und die hohen Ballfluggeschwindigkeiten nur am Anfang, nach Verlassen des Schlägers, erreicht werden, ist ein Körpertreffer nicht gefährlich oder schmerzhaft, wenn sich beide Spieler hinter der Aufschlaglinie befinden. Am Netz sollte man jedoch im Schulsport tunlichst darauf verzichten, auf den gegnerischen Körper zu schlagen.
- Fällt ein Ball in den Bereich vor der Aufschlaglinie, so zählt er z. B. 3 Punkte. Hiermit soll erreicht werden, dass die Schüler zum einen versuchen, viele sehr kurze *Drop* zu spielen, und zum anderen auch bereit sind, diese zu erlaufen.
- Bälle, die hinter der Doppelaufschlaglinie auf den Boden fallen, zählen z. B. 2 Punkte. Hiermit wird erreicht, dass die Schüler das Hinterfeld abdecken und gleichzeitig probieren, kraftvolle, lange *Clear* an die Grundlinie zu spielen.
- Bälle, die in die vordere (Bereich vor der Aufschlaglinie, zwischen Einzel- und Doppelfeld) oder in die hintere Box (Bereich hinter der Doppelaufschlaglinie, zwischen Einzel- und Doppelfeld) fallen, werden mit Extrapunkten honoriert. Hierdurch werden die Schüler versuchen, die Bälle viel genauer zu platzieren.
- Nur direkte Punkte zählen, d. h. nur Bälle, die direkt auf den Boden fallen, ohne dass der Gegenspieler sie mit dem Schläger berührt, zählen als Punkt. Kommt der Gegenspieler noch mit seinem Schläger an den Ball, kann diesen aber nicht über das Netz spielen, so wird z. B. nur ½ oder ⅓ Punkt vergeben. Jetzt kann man so weiterspielen, dass entweder die fehlenden Hälften oder Drittel direkt erreicht werden müssen oder sich im Laufe des Spiels zu ganzen Punkten zusammenfügen können. Erreicht wird damit, dass die Schüler um jeden Ball kämpfen. Selbst ein aussichtsloser Ball kann noch gedrittelt werden.

Wie man sieht, kann aus der grundlegenden Spielform des Kaiserturniers eine Vielzahl von Varianten abgeleitet werden, die dieses immer wieder zu einem großen Spaß für eine Schülergruppe werden lassen. Der Lehrer kann sinnvolle Einschränkungen (Zeit, Feldbereiche, Zählweise), die den augenblicklichen Entwicklungsstand der Schüler oder den Themenschwerpunkt des Badmintonunterrichts unterstützen, oder scheinbar sinnlose Einschränkungen (Netzroller, Punkte dritteln) wählen, um den Spaßfaktor bei den Schülern zu erhöhen.

9. Das Badminton-Profiprogramm

Im Folgenden werden eine Reihe von Übungen, die dazu dienen, die **Geschicklichkeit mit dem Schläger** und **Basis-Laufbewegungen** zu üben, beschrieben und zu einem Programm zusammengefasst. Jede Übung kann auf einem unterschiedlichen **Level** geleistet werden, sodass der Schüler, wenn er mehrere Übungen auf einem Level beherrscht, in den nächsten aufsteigen kann.

Die einzelnen Übungen können entweder am Anfang einer Schulstunde (für ca. 5–10 min) oder im Technikteil der Stunde (ebenfalls für ca. 5–10 min) geübt und wiederholt werden, sodass die Schüler die Fertigkeiten immer besser beherrschen.

Traut sich ein Schüler zu, alle Aufgaben eines Levels zu beherrschen, so kann er die **Prüfung** dafür ablegen und ab dann für das nächsthöhere Level trainieren. Die Prüfungen sollten freiwillig, unregelmäßig und auf Wunsch der Schüler erfolgen, sodass jeder Schüler seinem eigenem Lerntempo und seinem eigenem Ehrgeiz entsprechend Fortschritte machen kann.

Die Übungen sollten, obwohl sie die Grundlage für komplexere Übungsformen sind, ihren eigenen Aufforderungscharakter haben. Sie und die damit verbundenen Aufgaben für die unterschiedlichen Level sind folgendermaßen aufgebaut:

1. Übungen zum Griffwechsel und zur Schlägergeschicklichkeit
2. Übungen zum Aufschlag (Vor- und Rückhand)
3. Übungen zu den Grundschlägen vom Netz: Netz*drop* und *Clear* an die Grundlinie
4. Übungen zu den Grundschlägen von der Grundlinie: *Drop*, *Smash* und *Clear* an die Grundlinie
5. Übungen zur Abwehr von *Smash*
6. Übungen zur Grundlage der Laufbewegungen

Im Folgenden werden für jeden Ausbildungsinhalt verschiedene Übungen, die vom Schwierigkeitsgrad her aufeinander aufbauen, beschrieben. Die Übungen zum Bereich Griffwechsel und Schlägergeschicklichkeit sowie zur Grundlage der Laufbewegungen eignen sich besonders für den **Stundeneinstieg**.

Die Übungen zu den Grundschlägen Aufschlag, Abwehr sowie den Grundschlägen vom Netz und von der Grundlinie eignen sich mehr für den **Hauptteil der Stunde**.

9.1 Übungen zum Griffwechsel und zur Schlägergeschicklichkeit

Den Ball hochspielen

- Spiele den Ball mehrmals (5, 10, 20 Mal) kontrolliert nach oben.
- Spiele den Ball mehrmals (5, 10, 20 Mal) kontrolliert abwechselnd mit der Vor- und Rückhand nach oben. Wechsele dabei die Griffhaltung.

Mit dem Ball jonglieren

- Hebe den Ball vom Boden mit dem Schläger auf (mit unterschiedlicher Griffhaltung).
- Fange den Ball mit dem Schläger auf (mit unterschiedlicher Griffhaltung).
- Male mit dem Schläger und dem Ball auf der Bespannung eine 8 in die Luft, ohne dass der Ball herunterfällt.

Zur Griffhaltung

- Zeige einen Vorhand- und einen Rückhandgriff in den unterschiedlichen Feldbereichen.
- Wechsle die Griffhaltung ohne Ball.
- Nutze einen Vorhand- und einen Rückhandgriff bei Übungen mit zugeworfenem Ball.
- Wechsle die Griffhaltung bei Übungen mit zugeworfenem Ball.
- Nutze einen Vorhand- und einen Rückhandgriff im Match.

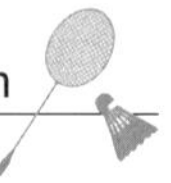

9.2 Übungen zum Aufschlag (Vor- und Rückhand)

Zum kurzen Rückhandaufschlag

- Spiele einen kurzen Rückhandaufschlag (regelgerecht) hinter die Aufschlaglinie.
- Spiele einen kurzen Rückhandaufschlag flach über das Netz.
- Spiele einen kurzen Rückhandaufschlag flach und sicher über das Netz. Von 10 Versuchen haben 7–8 Versuche eine gute Qualität.
- Spiele einen kurzen Rückhandaufschlag flach und sicher über das Netz und platziere ihn in eine Ecke.

Zum langen Rückhandaufschlag

- Spiele einen langen Rückhandaufschlag (Einzel).
- Spiele einen langen Rückhandaufschlag mit guter Höhe und guter Weite.
- Spiele einen langen Rückhandaufschlag mit guter Höhe und guter Weite platziert in eine Ecke.

Zum langen Vorhandaufschlag

- Spiele einen langen Vorhandaufschlag.
- Spiele einen langen Vorhandaufschlag mit guter Höhe und guter Weite.
- Spiele einen langen Vorhandaufschlag mit guter Höhe und guter Weite platziert in eine Ecke.

Trainierte Techniken:
4.1–4.3, 5.1

9.3 Übungen zu den Grundschlägen vom Netz: Netz„drop“ und „Clear“ an die Grundlinie

Zum Netz*drop*

- Spiele einen Netz*drop* (Rückhand) auf einen zugeworfenen Ball.
- Spiele einen Netz*drop* (Vorhand) auf einen zugeworfenen Ball.
- Spiele einen sicheren Netz*drop* (zwischen Netz und Aufschlaglinie) aus dem Lauf heraus (mit der Vor- und der Rückhand).
- Spiele einen sicheren Netz*drop* (Vorhand) mit dem richtigen Fuß am Netz auf einen zugeworfenen Ball.
- Spiele einen sicheren Netz*drop* (Rückhand) mit dem richtigen Fuß am Netz auf einen zugeworfenen Ball.
- Spiele einen sicheren Netz*drop* (Vor- und Rückhand) mit dem richtigen Fuß am Netz aus dem Lauf heraus.

Zum *Clear* vom Netz

- Spiele einen *Clear* vom Netz (Rückhand) auf einen zugeworfenen Ball.
- Spiele einen *Clear* vom Netz (Vorhand) auf einen zugeworfenen Ball.
- Spiele einen *Clear* vom Netz (Vor- und Rückhand) aus dem Lauf heraus.
- Spiele einen *Clear* vom Netz (Vorhand) *longline* und diagonal auf einen zugeworfenen Ball.
- Spiele einen *Clear* vom Netz (Rückhand) *longline* und diagonal auf einen zugeworfenen Ball.
- Spiele einen *Clear* vom Netz (Vor- und Rückhand) *longline* und diagonal aus dem Lauf heraus.

Trainierte Techniken:
4.4–4.7

9.4 Übungen zu den Grundschlägen von der Grundlinie: „Drop", „Smash" und „Clear" an die Grundlinie

Zum *Drop*

- Spiele einen Vorhand*drop* von der Grundlinie nach Aufschlag.
- Spiele einen Vorhand*drop* von der Grundlinie vor die Aufschlaglinie nach Aufschlag.
- Spiele einen Vorhand*drop* von der Grundlinie (*longline* und diagonal) vor die Aufschlaglinie nach einem Aufschlag.
- Spiele einen Vorhand*drop* von der Grundlinie vor die Aufschlaglinie aus dem Rückwärtslaufen ins Hinterfeld heraus.

Zum *Smash*

- Spiele einen *Smash* von der Grundlinie nach Aufschlag.
- Spiele einen *Smash* von der Grundlinie (*longline* und diagonal) nach einem Aufschlag.
- Spiele einen *Smash* von der Grundlinie (*longline* und diagonal) nach einem Lauf ins Hinterfeld.

Zum *Clear*

- Spiele einen *Clear* von der Grundlinie an die andere Grundlinie nach Aufschlag.
- Spiele einen *Clear* (Ellenbogen oben) von der Grundlinie nach Aufschlag.
- Spiele einen *Clear* (Unterarmrotation und Ellenbogen oben) von der Grundlinie nach Aufschlag.
- Spiele einen *Clear* (Unterarmrotation und Ellenbogen oben) von der Grundlinie nach Lauf ins Hinterfeld.

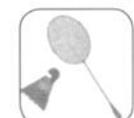

Trainierte Techniken:
4.8–4.10, 5.3

9.5 Übungen zur Abwehr von Smash

- Spiele die Abwehr eines 30%-*Smash* mit der Rückhand *longline* zum Netz.
- Spiele die Abwehr eines 30%-*Smash* mit der Vorhand *longline* zum Netz.
- Spiele die Abwehr eines 50%-*Smash* mit der Rückhand *longline* zum Netz.
- Spiele die Abwehr eines 50%-*Smash* mit der Vorhand *longline* zum Netz.
- Spiele die Abwehr eines harten *Smash* mit der Rückhand *longline* zum Netz.
- Spiele die Abwehr eines harten *Smash* mit der Vorhand *longline* zum Netz.

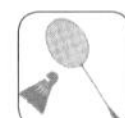

Trainierte Techniken:
4.11, 4.12, 5.2

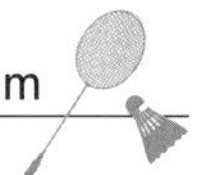

9.6 Übungen zur Grundlage der Laufbewegungen

Ins Vorderfeld

- Laufe zum Netz (Vorhand) und mache einen Ausfallschritt mit dem korrekten Fuß (Schlägerfuß).
- Laufe zum Netz (Rückhand) und mache einen Ausfallschritt mit dem korrekten Fuß (Schlägerfuß).
- Laufe zum Netz (abwechselnd zur Vor- und Rückhand) und mache einen Ausfallschritt mit dem korrekten Fuß (Schlägerfuß).

Zur Abwehr ins Mittelfeld

- Simuliere eine Vorhandabwehr und mache den Ausfallschritt mit dem korrekten Fuß.
- Simuliere eine Rückhandabwehr und mache den Ausfallschritt mit dem korrekten Fuß.

Ins Hinterfeld

- Laufe ins Hinterfeld (Vorhand-, Rückhandseite) und simuliere einen *Clear* im Stemmschritt.
- Laufe ins Hinterfeld (Rückhandseite) und simuliere einen *Clear* im Umschwung.
- Laufe im ganzen Feld in beliebige Ecken und nutze die korrekte Lauftechnik.

Trainierte Techniken:
5.1, 5.2, 5.5

Level I

1. Zeige einen Rückhandgriff (am Netz).
2. Zeige einen Vorhandgriff (am Netz).
3. Spiele den Ball mit deinem Schläger 5 Mal, ohne dass er auf den Boden fällt.
4. Spiele einen kurzen Rückhandaufschlag.
5. Spiele einen Netz*drop* (Rückhand) auf einen zugeworfenen Ball.
6. Spiele einen Netz*drop* (Vorhand) auf einen zugeworfenen Ball.
7. Spiele einen *Clear* vom Netz (Rückhand) auf einen zugeworfenen Ball.
8. Spiele einen *Clear* vom Netz (Vorhand) auf einen zugeworfenen Ball.
9. Spiele einen *Drop* von der Grundlinie nach einem Aufschlag.
10. Laufe vorwärts, rückwärts und zur Seite.

Level II

1. Wechsele den Griff zwischen Vor- und Rückhand.
2. Spiele den Ball mit deinem Schläger 10 Mal, ohne dass er auf den Boden fällt.
3. Spiele einen technisch richtigen, sicheren (5 von 10 Versuchen haben Qualität) Rückhandaufschlag.
4. Spiele einen langen Rückhandaufschlag.
5. Spiele einen sicheren Netz*drop* (zwischen Netz und Aufschlaglinie).
6. Spiele einen *Clear* vom Netz aus dem Lauf heraus.
7. Spiele einen *Drop* von der Grund- vor die Aufschlaglinie nach Aufschlag.

8. Spiele einen 30 %-*Smash* von der Grundlinie nach Aufschlag.
9. Spiele einen *Clear* von der Grundlinie (Ellbogen hoch).
10. Zeige die richtige Beinarbeit zu einem Schlag am Netz.

Level III

1. Wechsle die Griffe am Netz sicher und richtig auf einen zugeworfenen Ball.
2. Spiele den Ball 20 Mal mit dem eigenen Schläger, ohne dass er auf den Boden fällt.
3. Hebe den Ball mit dem Schläger vom Boden auf.
4. Spiele einen sicheren (8 von 10 Mal) Rückhandaufschlag (flach über das Netz).
5. Spiele einen hohen Vorhandaufschlag.
6. Spiele einen sicheren Netz*drop* (Vorhand) mit dem richtigen Fuß am Netz auf einen zugeworfenen Ball.
7. Spiele einen sicheren Netz*drop* (Rückhand) mit dem richtigen Fuß am Netz auf einen zugeworfenen Ball.
8. Spiele einen *Clear* vom Netz aus dem Spiel heraus.
9. Spiele einen *Clear* von Grundlinie zu Grundlinie mit Unterarmrotation und dem Ellbogen oben (nach Aufschlag).
10. Spiele eine Abwehr eines 30 %-*Smash* mit der Rückhand *longline* zum Netz.

Level IV

1. Spiele den Ball 10 Mal hoch, abwechselnd mit Vor- und Rückhand, ohne dass er auf den Boden fällt.
2. Fange den Ball mit dem Schläger auf.
3. Spiele einen hohen, langen Einzelaufschlag mit der Vorhand in die Ecke.
4. Spiele einen korrekten Rückhandaufschlag mit guter Länge und guter Höhe.
5. Spiele einen Vorhand*drop* von der Grundlinie (nach Aufschlag).
6. Spiele einen Vorhand*smash* von der Grundlinie (nach Aufschlag).
7. Spiele einen Netz*drop* (abwechselnd Vor- und Rückhand) vor die Aufschlaglinie auf einen zugeworfenen Ball.
8. Spiele eine Abwehr eines 50 %-*Smash* mit der Rückhand *longline* zum Netz.
9. Spiele einen *Clear* vom Netz aus dem Spiel heraus.
10. Zeige die richtige Beinarbeit auf dem Feld (mit Schläger, aber ohne Ball).

Level V

1. Wechsle die Griffe, so wie es die Situation im Match erfordert, auf einem stetig hohen Level.
2. Male mit dem Schläger und dem Ball auf der Bespannung eine 8 in die Luft, ohne dass der Ball herunterfällt.
3. Spiele einen *Drop* vor die Aufschlaglinie *longline* und diagonal nach Aufschlag.
4. Spiele eine Rückhandabwehr nach einem harten *Smash.*
5. Spiele eine lange Abwehr (Rückhand) auf einen Soft-*Smash.*
6. Spiele einen steilen *Smash* (gerade und diagonal).
7. Spiele einen *Clear* (mit Unterarmrotation und Ellenbogen oben) von der Grundlinie nach Lauf ins Hinterfeld.
8. Spiele im Vorderfeld stetig korrekte *Clear* und Netz*drop* (Vor- und Rückhand) mit dem richtigen Fuß vorne im Spiel.
9. Spiele auf dem ganzen Feld korrekte *Clear* und *Drop* (kein *Smash*), nutze die richtige Beinarbeit. Der Ballwechsel soll mindestens 10 Schläge dauern.
10. Zeige korrekte Beinarbeit (nicht im Match).

Das Badminton-Profiprogramm

Level I Klasse: ____________________ Schuljahr: __________

Level/Übungen ***Schüler/Name***	1. Zeige einen Rückhandgriff (am Netz).	2. Zeige einen Vorhandgriff (am Netz).	3. Spiele den Ball mit deinem Schläger 5×, ohne dass er auf den Boden fällt.	4. Spiele einen kurzen Rückhandaufschlag.	5. Spiele einen Netz*drop* (Rückhand) auf einen zugeworfenen Ball.	6. Spiele einen Netz*drop* (Vorhand) auf einen zugeworfenen Ball.	7. Spiele einen *Clear* vom Netz (Rückhand) auf einen zugeworfenen Ball.	8. Spiele einen *Clear* vom Netz (Vorhand) auf einen zugeworfenen Ball.	9. Spiele einen *Drop* von der Grundlinie nach einem Aufschlag.	10. Laufe vorwärts, rückwärts und zur Seite.

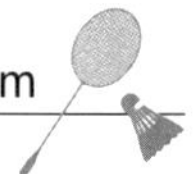

Das Badminton-Profiprogramm

Level II Klasse: ______________________ Schuljahr: ____________

Level/Übungen / ***Schüler/Name***	1. Wechsle den Griff zwischen Vor- und Rückhandgriff.	2. Spiele den Ball mit deinem Schläger 10×, ohne dass er auf den Boden fällt.	3. Spiele einen technisch richtigen, sicheren (5 von 10 Versuchen haben Qualität) Rückhandaufschlag.	4. Spiele einen langen Rückhandaufschlag.	5. Spiele einen sicheren Netz*drop* zwischen Netz und Aufschlaglinie.	6. Spiele einen *Clear* vom Netz aus dem Lauf heraus.	7. Spiele einen *Drop* von der Grund- vor die Aufschlaglinie nach einem Aufschlag.	8. Spiele einen 30 %-*Smash* von der Grundlinie nach Aufschlag.	9. Spiele einen *Clear* von der Grundlinie (Ellbogen hoch).	10. Zeige die richtige Beinarbeit zu einem Schlag am Netz.

Das Badminton-Profiprogramm

Level III Klasse: ______________________ Schuljahr: ____________

Level/Übungen ***Schüler/Name***	1. Wechsle die Griffe am Netz sicher und richtig auf einen zugeworfenen Ball.	2. Spiele den Ball 20x mit dem eigenen Schläger, ohne dass er auf den Boden fällt.	3. Hebe den Ball mit dem Schläger vom Boden auf.	4. Spiele einen sicheren (8 von 10×) Rückhandaufschlag (flach über das Netz).	5. Spiele einen hohen Vorhandaufschlag.	6. Spiele einen sicheren Netz*drop* (Vorhand) mit dem richtigen Fuß am Netz auf einen zugeworfenen Ball.	7. Spiele einen sicheren Netz*drop* (Rückhand) mit dem richtigen Fuß am Netz auf einen zugeworfenen Ball.	8. Spiele einen *Clear* vom Netz aus dem Spiel heraus.	9. Spiele einen *Clear* von Grund- zu Grundlinie mit Unterarmrotation und dem Ellbogen oben (nach Aufschlag).	10. Spiele eine Abwehr eines 30 %-*Smash* mit der Rückhand *longline* zum Netz.

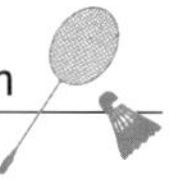

Das Badminton-Profiprogramm

Level IV Klasse: ______________ Schuljahr: ______________

Level/Übungen / **Schüler/Name**	1. Spiele den Ball 10×, abwechselnd mit Vor- und Rückhand, hoch, ohne dass er auf den Boden fällt.	2. Fange den Ball mit dem Schläger auf.	3. Spiele einen hohen, langen Einzelaufschlag mit der Vorhand in die Ecke.	4. Spiele einen korrekten Rückhandaufschlag mit guter Länge und guter Höhe.	5. Spiele einen Vorhand*drop* von der Grundlinie (nach Aufschlag).	6. Spiele einen Vorhand*smash* von der Grundlinie (nach Aufschlag).	7. Spiele einen Netz*drop* (abwechselnd Vor- und Rückhand) vor die Aufschlaglinie auf einen zugeworfenen Ball.	8. Spiele eine Abwehr eines 50 %-*Smash* mit der Rückhand *longline* zum Netz.	9. Spiele einen *Clear* vom Netz aus dem Spiel heraus.	10. Zeige die richtige Beinarbeit auf dem Feld (mit Schläger, aber ohne Ball).

Das Badminton-Profiprogramm

Level V Klasse: ______________________ Schuljahr: __________

Level/Übungen / ***Schüler/Name***	1. Wechsle die Griffe, so wie es die Situation im *Match* erfordert, auf einem stetig hohen Level.	2. Male mit dem Schläger und dem Ball auf der Spannung eine 8 in die Luft, ohne dass der Ball herunterfällt.	3. Spiele einen *Drop* vor die Aufschlaglinie *longline* und diagonal nach Aufschlag.	4. Spiele eine Rückhandabwehr nach einem harten *Smash.*	5. Spiele eine lange Abwehr (Rückhand) auf einen *Soft-Smash.*	6. Spiele einen steilen *Smash* (gerade und diagonal).	7. Spiele einen *Clear* (mit Unterarmrotation und Ellenbogen oben) von der Grundlinie nach einem Lauf ins Hinterfeld.	8. Spiele im Vorderfeld stetig korrekte *Clear* und Netz*drop* (Vor- und Rückhand) mit dem richtigen Fuß vorne im Spiel.	9. Spiele auf dem ganzen Feld korrekte *Clear* und *Drop* (kein *Smash*), nutze die richtige Beinarbeit. Der Ballwechsel soll min. 10 Schläge dauern.	10. Zeige korrekte Beinarbeit (nicht im Match).

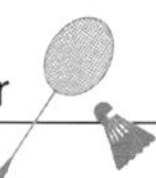

Badminton-Fachvokabular

Beim Badminton gibt es viele Begriffe, die aus anderen Sportarten bekannt sind. Teilweise wirken diese Begriffe jedoch auch befremdlich, da sie auf die in Asien sehr populäre Sportart zurückgehen.

Bezeichnung der Schläge und der Feldbereiche

Annahme (Return)	Der Aufschlag wird vom annehmenden Spieler geschlagen.
clear **(lang)**	Ein Ball wird an die Grundlinie geschlagen (vom Netz oder von der Grundlinie).
contra ***(drive)***	Ein Ball wird im Bereich der Netzkantenhöhe flach und scharf zurückgeschlagen.
diagonal (X)	ein vom Treffpunkt aus diagonal geschlagener Ball
drop **(kurz)**	Ein Ball wird hinter das Netz (kurz) geschlagen. Dies kann vom Netz (Netz*drop*) oder von der Grundlinie geschehen.
„Links vom Kopf" ***(round the head)***	Der Ball wird beim Rechtshänder links vom Kopf, also auf der Rückhandseite, mit der Vorhandseite des Schlägers gespielt.
longline **(geradeaus)**	ein vom Treffpunkt aus gerade geschlagener Ball
Seithand	Der Ball wird neben dem Körper oder vor dem Körper in Höhe der Netzkante getroffen.
Service (Aufschlag)	Der Ball wird ins Spiel gebracht.
Smash **(Schmetterball)**	ein hart nach unten geschlagener Ball
Überkopf	Der Ball wird oberhalb des Kopfes getroffen.
Unterhand	Der Ball wird unterhalb der Hüfte getroffen.

Grundlinie	Hinterste Linie auf beiden Seiten des Feldes
Hinterfeld *(Rearcourt)*	Hinterfeldbereich (ca. 1,5 m von der Grundlinie), hier werden fast alle Bälle über dem Kopf getroffen.
Mittelfeld *(Midcourt)*	Bereich zwischen Vorder- und Hinterfeld (variiert), hier werden fast alle Bälle im Seithandbereich oder vor dem Körper getroffen.
Vorderfeld *(Frontcourt)*	Bereich vom Netz bis zur Aufschlaglinie, hier werden fast alle Bälle im Unterhandbereich (unterhalb der Hüfte) getroffen.
„Spiel ohne Hinterfeld“	Das Spielfeld wird hinten von der Doppelaufschlaglinie begrenzt.
„Spiel ohne Vorderfeld“	Das Spielfeld wird vorne von der Aufschlaglinie begrenzt.

Jederzeit optimal vorbereitet in den Unterricht?

»